Berliner Küche

Bernhard Schambach

Berliner Küche

Regionale Küche mit Tradition

von Bernhard Schambach

KOMET
Edition Kock

Sonderausgabe für Karstadt Warenhaus GmbH
www.karstadt.de

Gesamtherstellung: KOMET Verlag GmbH, Köln
ISBN 3-89836-569-7

Berlin und Brandenburg

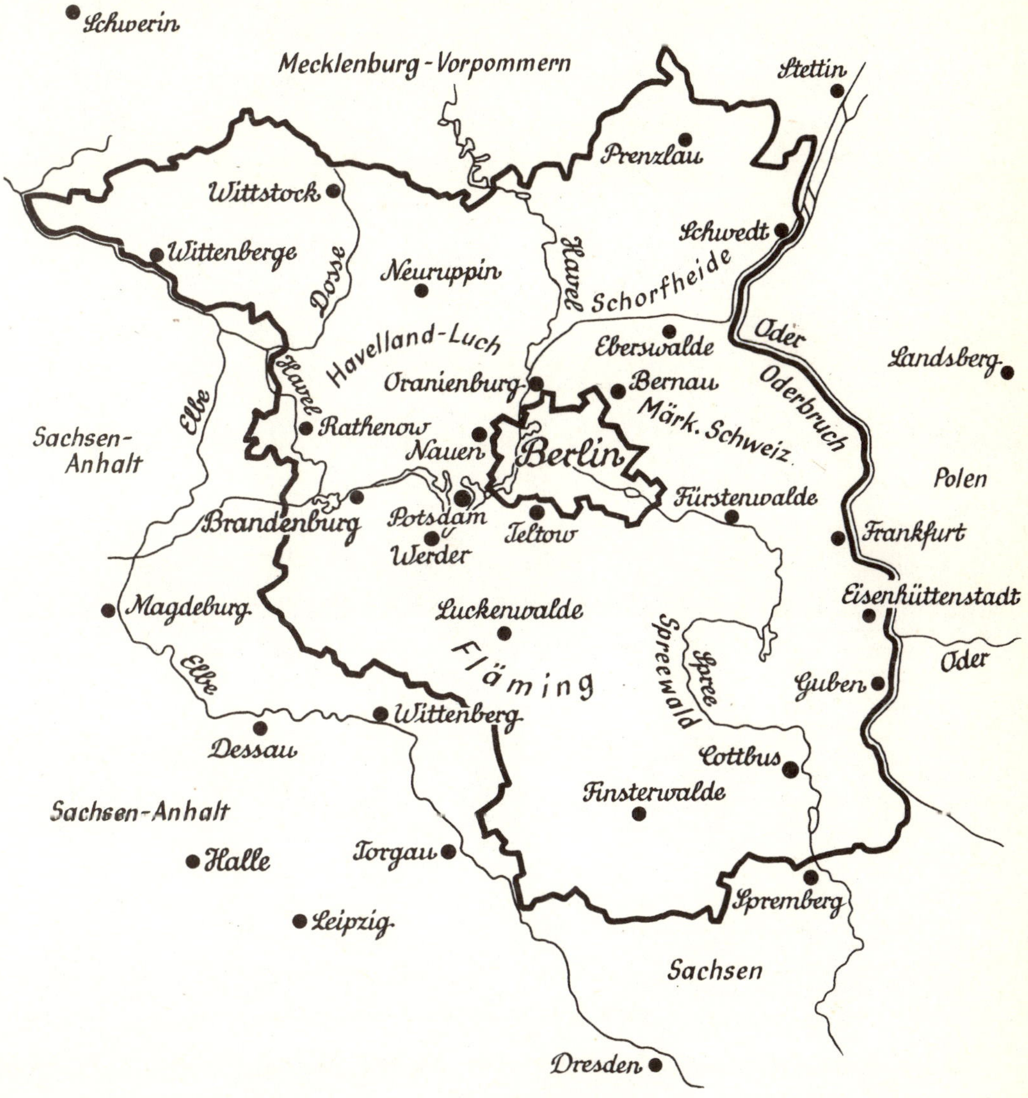

Vorwort

Gerade heute, in einer Zeit, in der sich die Gastronomie, aber auch unsere Hausfrauen gern für ausländische Eß- und Trinkgewohnheiten interessieren und fremdländische Gerichte in ihr Repertoire aufgenommen haben, ist es unser Anliegen, die heimische Küche wieder mehr in unser Bewußtsein zu rücken. Wir wollen feststellen, ob nicht auch hier „verborgene Schätze" ruhen, die zu „heben" sich lohnt, um unseren gewohnten Speiseplan mit alten Gerichten unserer Großmütter zu bereichern – Gerichte, die wir teilweise noch aus unserer Jugendzeit her kennen, deren Namen wir jedoch vergessen haben.

Bernhard Schambach, ehemals Küchenchef im Hotel und Restaurant Kempinski Berlin, hat aus seinem großen Fundus die beliebtesten Gerichte der alten Berliner Küche ausgewählt, probiert und niedergeschrieben. Hierbei ließ er sich von dem Gedanken leiten, Gerichte aus allen gesellschaftlichen Schichten verschiedener Epochen vorzustellen.

So finden wir nicht nur Rezepte bürgerlicher Gerichte vor und solche, nach denen in gehobenen Restaurants gekocht wurde, sondern auch Rezepte, welche die Armut der Menschen in ihrer Zeit widerspiegeln.

Eine Großstadt wie Berlin, die erst im 18. und 19. Jahrhundert durch den enormen Zustrom von Einwanderern aus anderen deutschen Gegenden zur Weltstadt angewachsen war, bietet auch in bezug auf Eß- und Trinkgewohnheiten eine beträchtliche Vielfalt. So wurde die Berliner Küche geprägt von Einwanderern aus Schlesien, Böhmen, Ostpreußen, Mecklenburg und Pommern, was in unseren Rezepten immer wieder zum Ausdruck kommt. Nicht zuletzt waren es die Hugenotten aus Frankreich, die im 17. Jahrhundert ihren Gemüseanbau sowie viele Rezeptideen mit nach Berlin brachten.

Mit diesem Kochbuch erheben wir nicht den Anspruch, alle typisch berlinischen Gerichte vorzustellen, sondern beschränken uns auf eine Auswahl der hinsichtlich Historie und Qualität der Gerichte interessantesten Kochrezepte. Dafür nimmt das begleitende Bildmaterial über alte Küchengeräte, historische Restaurants usw. einen größeren Raum ein.

Verzichtet wurde auf die Beschreibung der jedem bekannten einfachen Speisen wie Buletten, Bock- und Currywurst, Hackepeter, saure Gurken und Soleier, die allesamt typisch berlinisch sind, jedoch zum Schnellimbiß in Budiken und Destillen zählen.

Daß Fischgerichte in diesem Buch einen großen Umfang einnehmen, liegt daran, daß man in Berlin seit jeher vom Fischfang in Havel, Spree und den umliegenden Seen lebte. Das Angebot an Süßwasserfischen, Aalen und besonders Krebsen war überaus groß.

Und nun viel Glück beim Ausprobieren der Rezepte, die Mengenangaben beziehen sich immer auf 4 Personen, nach dem Motto: „Lieba wat jutet, aba dafür en bisken mehr!"

Autor und Herausgeber

Inhalt

Aus Berliner Suppentöpfen

Kartoffelsuppe à la Kaiser Wilhelm 12
Berliner Erbsen mit Ohr und Schnauze 14
Preußischer Beetenbartsch 16
Königsberger Fleck 18
Graupensuppe mit Backpflaumen 20
Pommerscher Tuckeraal 22
Kaulbarschsuppe 23
Havelländer Krebssuppe 24
Hechtklößchensuppe 26
Kurländische Gänsesuppe 29
Biersuppe 30
Bierkaltschale 32
Schwarze Besingsuppe 33
Kalte Gurkensuppe 34

Von märkischen Garten- und Ackerfrüchten

Gefüllte Kartoffeln 36
Kartoffeln mit Kruste 38
Kartoffeln mit Birnen und Speck 41
Märkisches Kartoffelragout 42
Hoppel-Poppel 43
Beamtenstippe 44
Kartoffel-Eierfrikassee 46
Boullionkartoffeln 47
Leipziger Allerlei 49

Aus dem Stralauer Fischfang

Krebse Berliner Art 52
Krebse in Bier 54
Aal grün 56
Aal in Weißbier 58
Altberliner Schusterpastete 61
Schleie Spreewälder Art 62
Flußbarsch in Petersiliensauce 64
Grashecht gebraten 66
Berliner Speckhecht 68
Mecklenburger Pflückhecht 70
Zander auf Stettiner Art 72
Preußischer Butterfisch 74
Mecklenburger Kneffs 76

Aus Pfannen und Schmortöpfen

Pottwurst mit Linsen 78
Stolzer Heinrich 80
Berliner Bollenfleisch 83
Altberliner Speckeierkuchen 84
Schlesisches Himmelreich 85
Eisbein mit Sauerkraut 86
Ochsenbrust mit Meerrettichsauce 88
Schmorgurken mit Schweinekamm 90
Kasseler Rippe 92
Kalbsleber Berliner Art 94
Berliner Schnitzel 97
Kalbsrippchen mit Stachelbeeren 98
Königsberger Klopse 100
Preußischer Pfefferklops 102

Rund um die Gans und anderes Federvieh

Entenragout mit Teltower Rübchen 104
Apfel-Zwiebelgemüse mit Gänseleber 106

Gänseweißsauer 107
Gänseschwarzsauer 108
Teltower Rübchen mit Gänsekeulen 110
Feines Ragout von Rebhühnern 112
Fasan nach Berliner Art 114

Berliner Süßspeisen

Preußischer Marzipanflammerie 118
Backäpfel 119
Berliner Luft 120
Mohnpielen 121
Armer Ritter 123
Weichselpudding 124

Berliner Gebäck

Berliner Pfannkuchen 126
Berliner Stolle 128
Preußischer Räderkuchen 129
Berliner Kaffeekuchen 130
Berliner Napfkuchen 132
Zimtbrezeln 135
Berliner Küchel 136

Laubenpieper's Selbstgemachte

Polnischer Tee 138
Süße Kanne 138
Kardinal 138
Gärtner 's Heckenbowle 141
Gentleman-Weiße 142
Berliner Lindenbowle 142
Bierbowle 142
Reinetten-Weiße 143

Aus Berliner Suppentöpfen

Kartoffelsuppe à la Kaiser Wilhelm

so nannte man im Volksmund diese Kartoffelsuppe, die auch Kaiser Wilhelm II. zu schätzen wußte. Nach Angaben seines letzten Leibkochs mußte sie „recht bürgerlich“ zubereitet sein, vorzugsweise mit einer Einlage aus feingeschnittener Rinderbrust.

1 Bund Suppengrün, 600 g geschälte Kartoffeln, 1 1/2 Liter Rinderbrühe, 1 Speckschwarte, 1/2 Teel. Kümmel, 1 kl. Lorbeerblatt, 1 Knoblauchzehe, 30 g Butter, 60 g magerer Speck, 1 Zwiebel, 1 Teel. Majoran, 1 Bund Petersilie, etwas kalte Butter, Pfeffer aus der Handmühle, Salz, Muskatnuß.

Suppengrün putzen und waschen, die Hälfte davon und etwa 2/3 der Kartoffeln grob würfeln und mit der Brühe zum Kochen bringen. Speckschwarte, Kümmel, Lorbeerblatt und Knoblauch hinzufügen und gar kochen. Dann durch ein Sieb streichen.

Restliche Kartoffeln und Suppengrün in kleine Würfel schneiden, in Butter anschwitzen und in der durchgesiebten Suppe etwa 30 Minuten weich kochen.

Inzwischen die Zwiebel abziehen und mit dem mageren Speck in kleine Würfel schneiden, beides goldgelb anrösten, zum Schluß Majoran darüberstreuen, durchschwenken und alles in die Suppe geben.

Petersilie waschen, fein hacken und mit der kalten Butter unter die Suppe rühren, schließlich mit Pfeffer, Salz und Muskat abschmecken.

... als Einlage sind Würstchen – besonders aber feingeschnittene Rinderbrust zu empfehlen!

Berliner Erbsen mit Ohr und Schnauze

seit Generationen eine Berliner „Institution" – ebenso wie die Bierlokale von Aschinger, in denen dieser Eintopf schon frühmorgens für ein paar Groschen zu haben war. Dazu gab es auch noch kostenlos so viel Schrippen wie man wollte.

Fleisch von 1/2 gepökeltem Schweinekopf (Ohr, Backe, Schnauze), 250 g gelbe Erbsen, 2 Zwiebeln, 1 Lorbeerblatt, 2 Nelken, einige Pfeffer- und Gewürzkörner, 1 Bund Suppengrün, 2 Kartoffeln, Salz, 2 Eßl. gewürfelter Speck oder Schmalz, 1 Teel. Majoran.

Zunächst das Fleisch über Nacht wässern sowie die gelben Erbsen über Nacht einweichen.

Fleisch mit 1 1/2 Liter Wasser aufsetzen, 1 Zwiebel abziehen und in Würfel schneiden, mit Lorbeerblatt, Nelken sowie Pfeffer- und Gewürzkörnern in den Topf geben und alles etwa 1 1/2 Stunden weich kochen. Dann das Fleisch aus der Brühe nehmen, in Würfel schneiden und warm stellen.

Die Erbsen in der durchgesiebten Schweinebrühe weich kochen, das geputzte und gewaschene Suppengrün und die geschälten Kartoffeln dann zu den Erbsen geben. Nochmals 1/2 Stunden kochen lassen und mit Salz abschmecken.

Sodann die andere Zwiebel abziehen, würfeln und in zerlassenem Speck oder Schmalz goldbraun anbraten. Mit Majoran und dem gewürfelten Fleisch zu der Suppe geben. Sehr gern nimmt man auch Spitzbein oder Würstchen.

Die Suppe in einer Terrine mit frischen Schrippen servieren.

Aschinger am Alexanderplatz im Jahre 1909

Preußischer Beetenbartsch

der saure Eintopf aus Roten Beeten und Rindfleisch, ähnlich dem russischen „Borschtsch“, von dem sich auch sein Name herleitet.

600 g Rindfleisch, 2 Markknochen, 1 Brühwürfel, 1/2 Teel. Kümmel, 12 Pfeffer- und 6 Pimentkörner, 1 Liter Wasser, 1 Bund Suppengrün, 600 g Rote Beete, etwas Essig, 1/2 Bund Majoran, Salz, Pfeffer aus der Handmühle, 100 g durchwachsener Speck, 1 Zwiebel, 600 g gekochte Kartoffeln, 1/4 Liter saure Sahne.

Rindfleisch und Markknochen abspülen und mit dem Brühwürfel, Kümmel, Pfeffer- und Pimentkörnern im Wasser zum Kochen bringen, dann abschäumen und kochen lassen.

Nach einiger Zeit die Knochen aus der Brühe nehmen, von dem Mark 4 Scheiben abschneiden und zum späteren Anrichten beiseite stellen. Den Rest wieder in die Brühe zurückgeben.

Das Suppengrün putzen, waschen, die schönsten Stücke in Würfel schneiden und beiseite stellen. Das übrige Suppengrün in die Brühe geben.

Rote Beete in Wasser weich kochen, dann in kaltem Wasser abschrecken, schälen, raspeln und mit Essig beträufeln.

Das gare Rindfleisch aus der Brühe nehmen und warm stellen. Die Brühe durch ein Sieb gießen und nun das gewürfelte Suppengrün darin weich kochen.

Dann die Rote Beete sowie die gezupften Majoranblätter (4 Stück zurücklassen!) in die Brühe dazugeben, mit Salz und Pfeffer abschmecken.

Speck und abgezogene Zwiebel in kleine Würfel schneiden und in einer Pfanne anbraten. Die gekochten, in grobe Stücke geschnittenen Kartoffeln hinzufügen und durchschwenken.

Nun das Rindfleisch in 4 Scheiben schneiden und mit den Kartoffeln in den Bartsch geben. In einer Schüssel anrichten.

Die Sahne in Häufchen daraufsetzen und die 4 Markscheiben mit je einem Majoranblatt belegt darauf verteilen.

Rote Beete

Königsberger Fleck

fast in Vergessenheit geraten: Der Eintopf aus Gemüse und Rinderpansenfleisch, aus der ehemaligen Hauptstadt der Provinz Ostpreußen, wurde im alten Berlin nach der großen Zuwanderung im 19. Jahrhundert ein beliebtes Eintopfgericht, weil es preiswert war.

Etwa 1 kg Rinderpansen (beim Schlachter bestellen!), 4 Stück gesägte Rindermarkknochen, 1 Brühwürfel, 1 Lorbeerblatt, 8 Gewürz- und 16 Pfefferkörner, 1 Knolle Sellerie, 2 große Möhren, 1 Stange Lauch, 1 Petersilienwurzel, 2 Zwiebeln, 1–2 Eßl. gerebelter Majoran, Essig, Senf, Salz, Pfeffer aus der Handmühle.

Rinderpansen in große Stücke schneiden, gut waschen und 2 Stunden wässern. Abermals waschen und mit reichlich Wasser etwa 10 Minuten kochen lassen. Wasser abgießen. Dieses noch zweimal wiederholen.

Jetzt die Pansenstücke mit den Markknochen, dem Brühwürfel, etwas Salz, dem Lorbeerblatt, Gewürz- und Pfefferkörnern mit Wasser bedeckt 3-4 Stunden kochen bis sie schön weich sind.

Inzwischen Gemüse und Zwiebeln putzen, waschen, in kleine Würfel schneiden und in einen Topf geben. Die Brühe darüber passieren lassen.

Den Pansen in gleich große Würfel schneiden und mit dem Mark aus den Knochen dem Gemüse beigeben und weiter kochen lassen, bis es fast zu weich wird. Dadurch erhält dieses eintopfartige Gericht die sämige Konsistenz.

Mit Majoran, einem Schuß Essig, einem ordentlichen Klacks Senf, Salz und reichlich Pfeffer abschmecken.

Berliner Schusterjungen und eine Molle gehören in jedem Fall dazu!

Die berühmte Koch- oder Heukiste, die es erlaubte, während der Arbeit Hülsenfrüchte, Sauerkraut oder Eintöpfe nicht nur warm zu halten, sondern ohne Feuer auch für mehrere Stunden garen zu können.

Graupensuppe mit Backpflaumen

aus dem Berlin wie Zille es kannte – mit Speck oder Rauchfleisch und möglichst dick gehalten!

150 g Graupen, 100 g Butter, etwa 1–1 1/2 Liter Salzwasser, 250 g eingeweichte Backpflaumen, etwas Zitronenschale, 1 Stückchen Zimt, Salz, 2 Eßl. Sirup, 250 g magerer Speck oder Rauchfleisch.

Die Graupen mit der Hälfte der Butter anschwitzen, Wasser angießen und möglichst dick gehalten unter öfterem Umrühren zugleich mit dem Speck etwa 45 Minuten weich kochen. Zum Schluß den Speck herausnehmen und warm stellen.

Die Backpflaumen mit Zitronenschale und Zimt in wenig Einweichwasser etwa 15 Minuten weich dünsten, dann in die Suppe geben und mit Salz und Sirup abschmecken. Die restliche Butter gebräunt darübergeben.

Speck oder Rauchfleisch wird in Scheiben geschnitten und getrennt zu der Suppe serviert.

Suppenausgabe für arme Kinder an einer Hotelküche. Nicht nur die besonders dafür eingerichteten Volksküchen, sondern auch einige große Berliner Hotels verteilten warme Mahlzeiten an bedürftige Kinder im alten Berlin.

Küche

Pommerscher Tuckeraal

diese ursprünglich aus Pommern stammende Zubereitung einer Aalsuppe stand bei Berliner Köchen immer wieder auf dem Speiseplan.

800–1000 g frische kleine Aale, je 1 kleines Bund Salbei, Petersilie und Dill, 1 Lorbeerblatt, 1 Brühwürfel, 1 Eßl. Essig, Pfeffer aus der Handmühle, 1 Möhre, 2 Petersilienwurzeln, 1 kleine Stange Lauch, 1 Zwiebel, 50 g Butter, 125 g frische grüne Erbsen, 600 g Kartoffeln, Salz.

Aale ausnehmen, gut waschen und in mundgerechte Stücke schneiden. In einem Topf knapp mit Wasser bedeckt mit Salbei, Petersilie und Dill, Lorbeer, Brühwürfel, Essig und reichlich Pfeffer zum Kochen bringen. 10 Minuten sieden lassen.

Das Gemüse sowie die Zwiebel geputzt, gewaschen und in Scheibchen geschnitten mit Butter anschwitzen. Die Erbsen dazugeben und die Aalbrühe durch ein Sieb dazugießen.

Sodann die Kartoffeln geschält und in Scheiben geschnitten dazugeben und langsam garen lassen. Mit Salz und Pfeffer abschmecken.

In einer passenden Suppenterrine anrichten und die Aalstückchen oben auflegen. Mit gehackter Petersilie und Dill bestreuen.

Kaulbarschsuppe

aus den kleinen, knapp 20 cm langen Fischen – früher aus den fließenden Gewässern um Berlin.

600 g kleine Kaulbarsche (10–20 Stück), 1 Bund Suppengrün, 1 1/4 Liter Brühe, 1 Lorbeerblatt, 1 Knoblauchzehe, 1 Zweig Thymian, 50 g Krebsbutter (im Handel erhältlich!), 2 Eßl. feine Rollgerste, 2 Sardellenfilets, Salz, Pfeffer aus der Handmühle, 1 kl. Bund Petersilie, 3 Tomaten, 16 Krebsschwänze.

Kaulbarsche ausnehmen (Rogen und Milch aufbewahren!), Rücken- und Bauchstachel entfernen und die Fische gut waschen.

Brühe mit der Hälfte des geputzten und gewaschenen Suppengrüns zum Kochen bringen. Kaulbarsche, Rogen und Milch, Lorbeerblatt, Knoblauchzehe und Thymian hinzufügen, 15 Minuten kochen lassen und schließlich durch ein Sieb rühren.

Restliches Suppengrün in Würfel schneiden, in der Krebsbutter anschwitzen, die eingeweichte Gerste und die gehackten Sardellenfilets hineingeben, die Fischbrühe aufgießen und etwa 30 Minuten gar kochen, dann mit Salz und Pfeffer abschmecken.

Petersilie fein hacken, die Tomaten brühen, abziehen und in Würfel schneiden und alles mit den Krebsschwänzen in die Suppe geben.

Havelländer Krebssuppe

der Verzehr von Krebsen war im Berlin vor der vorletzten Jahrhundertwende durchaus nicht ungewöhnlich, man bekam sie überall auf den Märkten und sie wurden auch auf den Speisekarten vieler Restaurants angeboten.

24 Krebse, 1 1/4 Liter Hühnerbrühe, 1 Teel. Kümmel, 1 Stengel Dill, 1 Scheibe altes Weißbrot, 1/2 kleines Suppengrün, 70 g Butter, 1 Teel. Tomatenmark, 1/2 Teel. Paprikapulver, 1 Eßl. Mehl, 2 hartgekochte Eigelb, 1/4 Liter Sahne, Salz, Pfeffer aus der Handmühle, Cognac.

Für die Krebsnasenfüllung: 40 g Butter, 1 Ei, 80 g Grieß, Salz und Muskat.

Die gesäuberten Krebse in der Hühnerbrühe mit dem Kümmel und gezupftem Dill etwa 5 Minuten sprudelnd kochen.

Dann Scheren und Schwänze ausbrechen, die Därme herausziehen. Aus den Nasen den bitteren Inhalt entfernen und 12 Stück zum Füllen beiseite stellen.

Die verbliebenen Schalen im Mörser zerstoßen, wieder in den Sud geben und 20 Minuten köcheln lassen. Die Scheibe altes Weißbrot dazugeben.

4 Eßlöffel gewürfeltes Suppengrün in etwa 40 g Butter anschwitzen, Tomatenmark und Paprika zugeben, einen

Moment weiterdünsten, Mehl anstäuben und die durch ein Sieb gestrichene Krebsbrühe aufgießen. Gut durchrühren und etwa 15 Minuten kochen lassen.

Die hartgekochten Eigelbe durch ein Haarsieb drücken, mit Sahne vermengen und in die Suppe geben. Nicht mehr kochen lassen! Mit Salz und Pfeffer sowie einem Schuß Cognac abschmecken. Die restliche kalte Butter unterrühren. Dann in großen Suppentellern anrichten.

Als Einlage dienen die der Länge nach halbierten und gefüllten Krebsnasen sowie Scheren und Schwänze. Den geschnittenen Dill über die Suppe streuen.

Zusätzlich können auch Erbsen, Morcheln oder Spargelspitzen als Einlage verwendet werden.

Hier die Krebsnasenfüllung: Butter schaumig rühren, Ei und Grieß gut unterrühren, mit Salz und Muskat würzen und die Krebsnasen damit füllen. Etwa 15 Minuten vorsichtig in Salzwasser sieden lassen.

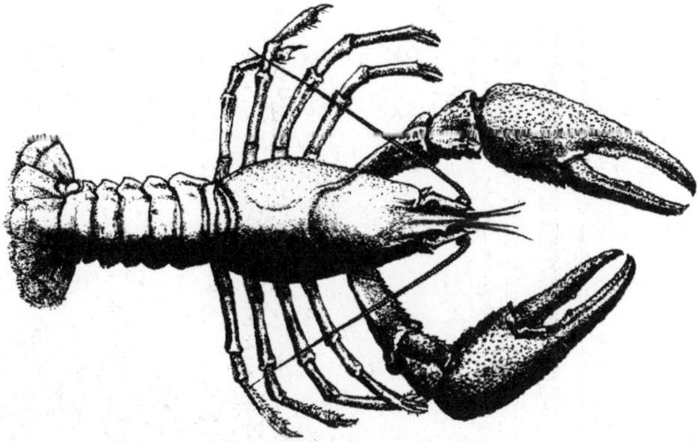

Flußkrebs

Hechtklößchensuppe

vorzüglich – nach einem alten handgeschriebenen Rezept!

600 g Hecht (küchenfertig, ohne Gräten und Haut), Salz, Pfeffer aus der Handmühle, 1/4 Liter Sahne, 4 Eigelb, 1 Eiweiß, 1 Bund Suppengrün, 1 Lorbeerblatt, 1 Liter Brühe, 50 g Butter, 1 Eßl. gehackte Petersilie.

Für die Hechtklößchen das Hechtfleisch zweimal durch den Fleischwolf drehen, salzen und pfeffern, dann mit etwas Sahne und 2 Eigelb verrühren und 1 geschlagenes Eiweiß darunterheben.

Aus den Gräten, der Hälfte des geputzten Suppengrüns, dem Lorbeerblatt und der Brühe einen Fond kochen. Lorbeerblatt und Gräten herausnehmen und durch ein Sieb passieren.

Restliches Suppengrün in kleine Würfel schneiden, mit Butter anschwitzen und mit dem Fond auffüllen. Etwa 20 Minuten kochen lassen.

Nun mit einem Teelöffel kleine Klößchen von der Fischmasse formen und 5 Minuten in der Suppe garen lassen.

2 Eigelb mit der restlichen Sahne verquirlen, in die Suppe geben (nicht mehr kochen lassen!), mit Salz und Pfeffer abschmecken und mit Petersilie bestreut servieren.

Das berühmte Café Bauer, Unter den Linden Ecke Friedrichstraße, genoß bereits vor der vorletzten Jahrhundertwende internationalen Ruf und hatte mehrere Monate im Jahr rund um die Uhr geöffnet.

Hôtel Behrens.
CAFE BAUER.
HOTEL BEHRENS

Kurländische Gänsesuppe

aus der feinen Berliner Küche für den besonderen Anlaß!

500 g Gänseklein, 1 geräucherte Gänsekeule (gut gewässert), 1 Bund Suppengrün, 1 Lorbeerblatt, 4 Gewürzkörner, 50 g Gänsefett, Salz, Pfeffer aus der Handmühle, 1/8 Liter saure Sahne, 125 g geriebenes Weißbrot, 1 Ei, je 1 kleines Bund Majoran und Schnittlauch.

Suppengrün putzen, waschen und die Hälfte mit dem Gänseklein, Gänsekeule und Gewürzen in 2 Liter Salzwasser zum Kochen bringen. Etwa 1 3/4 Stunden köcheln lassen.

Die Brühe durch ein Sieb geben, das Fleisch von den Knochen lösen, in Würfel schneiden und warm stellen.

Das restliche, in Scheibchen geschnittene Suppengrün im Gänsefett andünsten, mit der Brühe auffüllen, 30 Minuten köcheln lassen und mit Salz und Pfeffer abschmecken.

Sahne mit dem geriebenen Weißbrot, Ei und etwas Salz verrühren und zu kleinen Klößchen formen. Diese etwa 5 Minuten in der Brühe mitkochen lassen. Dann das Gänsefleisch in die Suppe geben.

Mit grob geschnittenem Majoran und Schnittlauch servieren.

Blick in das Innere des Café Bauer, das sehr pompös ausgestattet war und 1883 als erstes öffentliches Lokal eine elektrische Beleuchtung erhielt. Es heißt, daß hier den Gästen mehr als 700 Zeitungen und Zeitschriften aus aller Welt zur Verfügung standen.

Biersuppe

in bezug auf das königliche Kaffeeverbot heißt es in einem Brief des Alten Fritz aus dem Jahre 1779 an den Magistrat von Halberstadt: „... übrigens sind Seine Majestät höchstselbst in der Jugend mit Biersuppe erzogen, mithin können die Leute dorten ebensogut mit Biersuppe erzogen werden."

1/2 Liter braunes Bier (nicht zu bitter), 1/2 Liter Berliner Weiße, 1/4 Liter Wasser, 2–3 Scheiben trockenes, sehr fein geriebenes Schwarzbrot oder Zwieback, etwas Zitronenschale, 4 Eier, 1 Prise Zimt, Zucker, 1/2 Zitrone (dünn abschälen und in 4 Scheiben schneiden), 2 Scheiben Weißbrot, etwas Butter.

Bier, Weiße und Wasser in einen Topf geben und das geriebene Schwarzbrot 10 Minuten darin quellen lassen.

Zitronenschale, Eier, Zimt und Zucker dazugeben und bei mittlerer Hitze mit dem Schneebesen solange schlagen, bis die Suppe anfängt, etwas dicklich zu werden (nicht kochen lassen!). Die Suppe mit den Zitronenscheiben in eine Schüssel geben.

Weißbrot in Würfel schneiden, Butter zerlassen, die Weißbrotwürfel goldgelb rösten und über die Suppe geben.

Als Einlage eignen sich auch gequollene Korinthen oder man serviert die Suppe jeweils mit einem Eßlöffel Schlagsahne, bestreut mit braunem Zucker.

Die Bezeichnung „Weiße" ist von Weizen abgeleitet, denn Berliner Weiße wird aus Gerste und Weizenmalz gebraut. Das weiche Berliner Wasser ist für die Qualität entscheidend. Untergäriges und Lagerbier stellte man erst im Verlaufe des 19. Jahrhunderts her. Um 1900 war Schultheiss die größte Brauerei in Deutschland.

Bierkaltschale

eine köstliche Zubereitung mit Weißbier, Zimt, Zitrone und Korinthen – empfehlenswert für heiße Tage!

1 1/2 Liter Weißbier, 2 Scheiben sehr fein geriebenes Schwarzbrot, 100 g Zucker, etwas Zimt, 1/2 Zitrone, 100 g eingeweichte Korinthen oder Sultaninen, etwas Zitronensaft.

Das geriebene Schwarzbrot im Ofen anrösten, mit dem Zukker vermischen und in eine Schüssel geben.

Dann das Bier erhitzen, Zimt und die in 4 Scheiben geschnittene, entkernte halbe Zitrone sowie die Korinthen hinzugeben, kalt stellen.

Nach dem Abkühlen die Suppe mit Zucker und Zitronensaft abschmecken und in die Schüssel über die Brotbrösel geben.

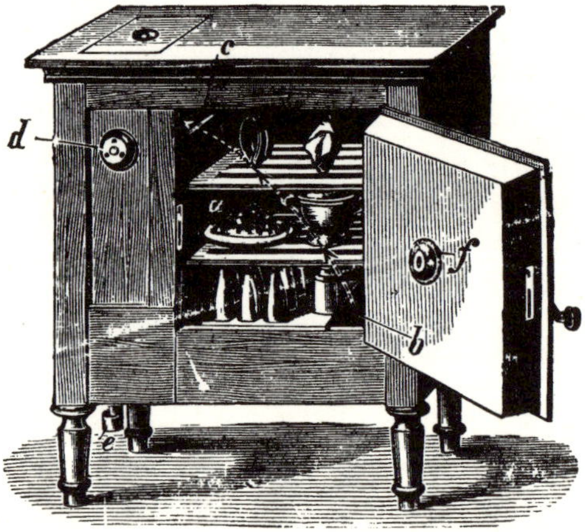

Eisschrank etwa 1880

Schwarze Besingsuppe

Besinge sind Heidel-, Blau- oder Bickbeeren – hier eine Zubereitung, die heiß oder kalt gleichermaßen zu empfehlen ist.

1 kg Besinge, 1 Glas Weißwein, 1 Glas Johannisbeersaft, 1/2 Liter Wasser, Zucker, Zimt, 1/2 abgeriebene Zitronenschale (unbehandelt), 2 Eßl. Zitronensaft, 4 Scheiben Zwieback, 1 saurer Apfel, 40 g gestoßene Mandeln.

Besinge gut verlesen und waschen (4 Eßlöffel für die Einlage zurücklassen!). Mit Weißwein, Johannisbeersaft und Wasser 10 Minuten kochen lassen und mit Zucker, Zimt, Zitronenschale und -saft abschmecken, dann durch ein Haarsieb streichen.

Den Apfel schälen, vierteln, entkernen, in kleine Scheiben schneiden und mit den Mandeln in die Suppe geben, noch einige Minuten köcheln lassen.

Dann die Suppe mit Salz abschmecken und mit jeweils 1 Scheibe geröstetem Zwieback und 1 Eßlöffel Beeren als Einlage servieren.

Kalte Gurkensuppe

daß man aus Salatgurken auch eine vorzügliche Suppe bereiten kann, zeigt dieses Rezept nach Spreewälder Art.

1 große Salatgurke, 1 Knoblauchzehe, 1 kl. Bund Radieschen, 2 Eßl. Schnittlauchröllchen, je 3 Eßl. gehackter Borretsch und Sauerampfer, 1/4 Liter saure Sahne, 1/2 Liter kalte entfettete Brühe, Essig, Salz, Pfeffer aus der Handmühle.

Salatgurke waschen, mit Schale fein raspeln oder durch den Wolf drehen (grobe Scheibe), salzen und mit der abgezogenen Knoblauchzehe eine Weile stehen lassen.

Radieschen waschen, in feine Streifen schneiden, dann die Knoblauchzehe aus den geraspelten Gurken nehmen und die Radieschen hineingeben.

Schnittlauch, Borretsch, Sauerampfer dazugeben und die saure Sahne sowie die Brühe unterziehen.

Die Gurkensuppe mit Essig, Salz und Pfeffer abschmecken, dann kalt stellen.

Von märkischen Garten- und Ackerfrüchten

Gefüllte Kartoffeln

Die Kartoffel kam Mitte des 16. Jahrhunderts von Südamerika nach Europa und wurde zunächst als Zierpflanze verwendet. Wegen ihrer Ähnlichkeit mit den Trüffeln nannte man sie in Italien „Taratouphli". Im Umland von Berlin wurde sie erst Mitte des 18. Jahrhunderts, von Friedrich dem Großen besonders gefördert, angebaut. Hier hießen sie „Tartüffeln" oder „Artoffeln", bald „Erdtoffeln" oder „Pataten" und schließlich Kartoffeln.

8 große Kartoffeln, 100 g Magerspeck, 100 g Butter, 1 Zwiebel, 100 g gekochter Schinken, 2 hartgekochte Eier, 2 Eßl. gehackt Petersilie, Muskat, Pfeffer aus der Handmühle.

Für die Salatsauce: 1 Kopf Salat, 1 kleine Möhre, 1 Stck. Sellerie, 2 Eßl. Essig, 2 Eßl. Öl, Salz, Pfeffer, 1 Eßl. Schnittlauchröllchen, 8 Radieschen.

Kartoffeln gründlich waschen, in Alufolie wickeln und bei 200 Grad 1 Stunde im vorgeheizten Backofen garen. Dann pellen, der Länge nach „Deckel" abschneiden und die Unterteile mit dem Teelöffel aushöhlen.

Speck würfeln, in einer Pfanne auslassen und Butter dazugeben, Zwiebel abziehen, in Scheiben schneiden und in der Pfanne mit anbraten.

Den gekochten Schinken in Würfel schneiden und mit den grob gehackten Eiern, Petersilie und der ausgekratzten Kartoffelmasse in die Pfanne geben, mit Muskat und Pfeffer abschmecken.

Dann die Kartoffelunterteile damit füllen und mit den Deckeln verschließen. In einer Auflaufform bei 200 Grad etwa 20 Minuten in den vorgeheizten Backofen schieben.

Für die Salatsauce: Möhre und Selleriestück putzen, waschen und in kleine Würfel schneiden, dann in wenig Wasser gar kochen, abgießen (4 Eßlöffel Gemüsewasser zurücklassen!) und kalt abspülen.

Das gewonnene Gemüsewasser mit Essig, Öl, Salz und Pfeffer verrühren und den Schnittlauch, die gewaschenen und in Scheiben geschnittenen Radieschen sowie das gekochte Gemüse dazugeben.

Schließlich Kopfsalatblätter vom Strunk lösen, in reichlich Wasser gründlich waschen, gut abtropfen lassen und mit der Salatsauce zu den gefüllten Kartoffeln anrichten.

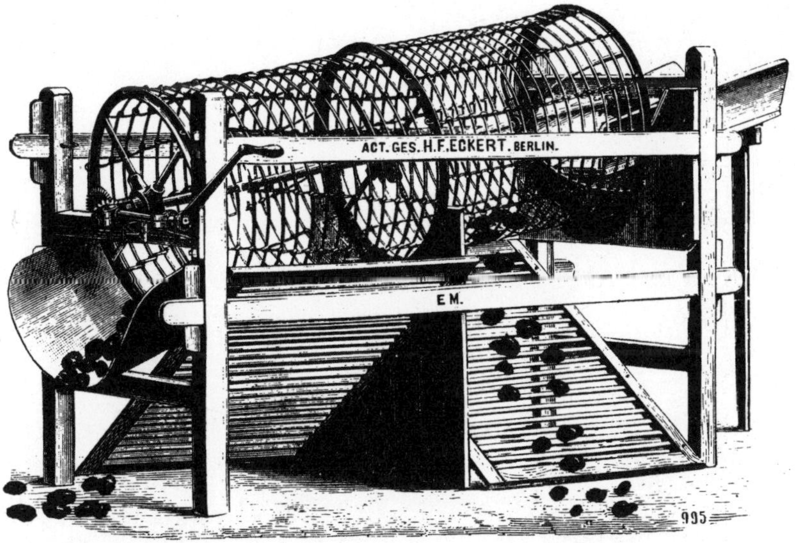

Kartoffelsortiermaschine aus dem Jahre 1904.

Kartoffeln mit Kruste

in einer Auflaufform gebacken und mit rohem Schinken oder kaltem Kasseler serviert.

1 kg Kartoffeln, Salz, Kümmel, 4 Eier, 2 Schalotten, 1 Knoblauchzehe, 100 g Butter, Pfeffer aus der Handmühle, Muskat, 1/4 Liter Brühe, 40 g Zwieback, 40 g geriebenes Weißbrot, einige Butterflöckchen

Die Kartoffeln mit Salz und etwas Kümmel gar kochen, pellen und in dicke Scheiben schneiden. Die Eier hart kochen, pellen und grob hacken.

Dann Schalotten und Knoblauchzehe abziehen, fein würfeln und in der zerlassenen Butter anschwitzen, schließlich mit den Kartoffelscheiben vermischen, mit Salz, Pfeffer und Muskat würzen. Das Ganze in eine gebutterte Auflaufform geben und mit der Brühe übergießen.

Nun die gehackten Eier mit geriebenem Zwieback und Weißbrot über die Kartoffeln streuen, Butterflöckchen daraufsetzen und schließlich im vorgeheizten Backofen bei etwa 200 Grad 30 bis 40 Minuten backen. Als Beilage eignet sich junges gemischtes Gemüse.

Geschäftiges Treiben in der Zentralmarkthalle. Durch einen Bahnanschluß war die direkte Verbindung zu den Seehäfen und anderen Großstädten gewährleistet. Ein Schild mit dem Krebssymbol im Hintergrund zeigt, daß vor gut hundert Jahren auch Krebse auf den Märkten angeboten wurden.

Lehmann
34

S. SCHULZE
M. ULISRI
C. AMMON

Kartoffeln mit Birnen und Speck

wie man sie im Brandenburgischen kennt – statt Birnen nimmt man auch gern Dörrpflaumen.

300 g Speck (im Stück), 1 kg Kartoffeln, 1 kg Birnen, Nelken, etwas Zucker, 2 Eßl. Essig, 1 Stck. Zitronenschale, 60 g Speckwürfel, 175 g Butter, 2 Zwiebeln, frische Majoranblätter.

Das Stück Speck in wenig Wasser gar kochen. Kartoffeln schälen, waschen, in dicke Scheiben schneiden und in Salzwasser gar kochen.
Die Birnen schälen, waschen, achteln, Kerngehäuse entfernen und in Wasser mit Nelken, Zucker, Essig und Zitronenschale weich kochen.
Speckwürfel rösten und mit den Kartoffelscheiben vermischen. Nun die Birnen aus dem Sud nehmen und in zerlassener Butter schwenken. Zwiebeln abziehen, in Scheiben schneiden, in etwas Butter schön braun braten.
Dann die Kartoffelscheiben und Speckwürfel neben den Birnen anrichten und die gebratenen Zwiebeln über die Kartoffeln geben. Einige gezupfte Majoranblätter darüberstreuen und mit dem in Scheiben geschnittenen Speck servieren.

Das Innere der Zentralmarkthalle am Bahnhof Alexanderplatz. Ende des 19. Jahrhunderts entstanden anstelle der offenen Märkte die ersten 15 Markthallen in den verschiedenen Stadtteilen Berlins.

Märkisches Kartoffelragout

schmeckt vorzüglich zu Buletten oder Schweinekoteletts und frischem Salat.

1 kg Kartoffeln, 100 g magerer Speck, 50 g Butter, 1 Bund Suppengrün, 1 Knoblauchzehe, 1/4 Liter Fleischbrühe, 1/8 Liter Sahne, Salz, Pfeffer aus der Handmühle, 3 Eßl. gehackte Petersilie, 3 Eßl. gehacktes Liebstöckel.

Die Kartoffeln schälen, in Würfel schneiden und in Salzwasser fast gar kochen, Wasser abgießen. Den Speck in Würfel schneiden und in Butter anbraten.

Das Suppengrün putzen und waschen, die Knoblauchzehe abziehen und beides in kleine Würfel schneiden.

Dann zu dem angebratenen Speck geben, etwas anschwitzen lassen, die Fleischbrühe zugießen und das Gemüse weich kochen – die Flüssigkeit sollte fast verdampft sein!

Schließlich die Sahne angießen, Kartoffelwürfel dazugeben und langsam garziehen lassen.

Das Kartoffelragout mit Salz und Pfeffer abschmecken und mit den Kräutern bestreut servieren.

Hoppel-Poppel

ein typisch berlinisches Gericht aus Bratkartoffeln, Schnitzelfleisch, Speck und Eiern – in zwei Pfannen zubereitet.

800 g Kartoffeln (gekocht, gepellt und in Scheiben geschnitten), 125 g Butter, Salz, 100 g Magerspeck, 350 g Schnitzelfleisch vom Kalb, 2 Zwiebeln, 1/2 Teel. Kümmel, 1/2 Teel. Majoran, Pfeffer aus der Handmühle, mindestens 8 Eier, 1 Bund Schnittlauch, 1 saure Gurke.

In einer großen Pfanne mit der Butter schön goldbraune Bratkartoffeln herstellen, ein wenig salzen.

In einer zweiten Pfanne Speck, Fleisch und abgezogene, in Streifen geschnittene Zwiebeln mit wenig Butter gut anbraten, mit Kümmel, Majoran und Pfeffer würzen.

Dann das Fleisch und die Bratkartoffeln, auf beide Pfannen verteilt, miteinander vermengen. Noch ein wenig nachbraten und die aufgeschlagenen Eier je zur Hälfte darübergießen.

Rühren und gut durchschwenken, wie ein Bauernomelette formen und auf eine vorgewärmte Platte stürzen. Schnittlauch darüberstreuen und Gurkenscheiben anlegen.

Eine Bratensauce und eine Schüssel gemischter Salat sollte dazu nicht fehlen.

Beamtenstippe

eine würzige Sauce zu Quetschkartoffeln und weichgekochten Eiern – am Ende des Monats nicht nur in Beamtenhaushalten gern gegessen!

150 g magerer Speck, 2 Zwiebeln, Butter, 1 Eßl. Mehl, 1/4 Liter Fleischbrühe, 1/8 Liter saure Sahne, Essig, Salz, Pfeffer aus der Handmühle, Muskatnuß, fein geschnittener Schnittlauch, 800 g Kartoffeln, 1/4 Liter Buttermilch, 8 Eier.

Magerspeck und 1 abgezogene Zwiebel in kleine Würfel schneiden, in etwas Butter anbraten und mit dem Mehl eine goldbraune Schwitze bereiten.
Mit Fleischbrühe und saurer Sahne angießen und 10 Minuten kochen lassen.
Mit einem Tropfen Essig, Salz, etwas Pfeffer und Muskatnuß abschmecken, mit Schnittlauch bestreuen.
Dazu gibt es weichgekochte, zerstampfte Salzkartoffeln, verfeinert mit heißer Buttermilch und einem Klacks frischer Butter, serviert mit einer in Scheiben geschnittenen, gerösteten Zwiebel und weichgekochten Eiern.
Weiche Eier, ob mit oder ohne Schale gekocht, schmecke vorzüglich auch mit Mostrich-, Kapern- oder Sardellensauce.

Der rote Ziegelbau des Berliner Rathauses wurde 1860–70 von Friedrich Waesemann erbaut. Im 2. Weltkrieg zerstört, hat man es nach alten Plänen wieder neu errichtet. Der berühmte Ratskeller war und ist auch heute wieder ein Ort traditioneller Berliner Gastlichkeit. Aufnahme 1907.

Kartoffel-Eierfrikassee

ein köstlicher Auflauf, bei dem Krebsschwänze nicht fehlen dürfen – dazu gehört ebenso ein frischer Salat oder ein Frühlingsgemüse aus Morcheln, Möhren und Spargel.

4 Kartoffeln, 8 hartgekochte Eier, 24 Krebsschwänze, 2 Schalotten, Butter, 30 g Mehl, 1 Knoblauchzehe, 1/4 Liter Hühnerbrühe, 1/4 Liter Sahne, Muskat, 2 Eigelb, geriebener Käse, geriebenes Weißbrot.

Die Kartoffeln in Alufolie etwa 1 Stunde bei 175 Grad im Ofen backen, auswickeln, pellen, der Länge nach halbieren und in einer ausgebutterten Auflaufform nebeneinander platzieren. Die hartgekochten Eier pellen, halbieren und mit den Krebsschwänzen über die Kartoffeln verteilen.

Die abgezogenen und gewürfelten Schalotten mit Butter andünsten, Mehl und gehackten Knoblauch dazugeben und mit Hühnerbrühe, Sahne und Muskat eine Sauce bereiten.

Diese dann mit 2 Eigelb legieren, über die Eier und Kartoffeln geben, geriebenen Käse und geriebenes Weißbrot darüberstreuen, reichlich Butterflöckchen daraufsetzen und etwa 25 Minuten bei 200 Grad im Ofen backen.

Bouillonkartoffeln

die Urheberschaft der Hugenotten läßt sich leicht erahnen – meist aus einer Rindfleischbrühe, wird als Beilage zu verschiedenen Fleischgerichten, im besonderen zu Ochsenbrust mit Meerrettichsauce (Seite 88) serviert.

1 kg Kartoffeln, 1/2 Bund Suppengrün, etwas Butter, 1/2 Liter Fleischbrühe, 1/2 Teel. Kümmel, 1/2 Teel. Majoran, 1 Knoblauchzehe, Pfeffer aus der Handmühle, Salz, Muskat, Schnittlauch.

Kartoffeln schälen, waschen und in Würfel schneiden, 5 Minuten kochen lassen, dann das Wasser abgießen.

Suppengrün putzen, waschen, würfeln und in zerlassener Butter andünsten.

Dann die Fleischbrühe, Kümmel, Majoran, die abgezogene und gewürfelte Knoblauchzehe sowie die Kartoffeln hinzufügen und 10–15 Minuten gar kochen.

Schließlich mit Pfeffer, Salz und etwas Muskat abschmecke und Schnittlauch darüberstreuen.

Kartoffelwaage

Leipziger Allerlei mit Krebsen

Die Hugenotten, denen der Große Kurfürst 1685 in Preußen Aufnahme gewährte, gelten als Schöpfer dieses feinen Gemüses. Es heißt, daß Ende des 17. Jahrhunderts fast jeder vierte Einwohner Berlins französischer Emigrant war. Unter ihnen waren auch hervorragende Gärtner und Gemüsebauern. Etwa folgende Zubereitung fand unter dem späteren Begriff „Leipziger Allerlei" in ganz Preußen Liebhaber.

2 Kohlrabi, 1 kl. Blumenkohl, 800 g Spargel, 250 g junge Möhrchen, 250 g junge Erbsenschoten, Salz, 1/2 Tasse Milch, 1/2 Liter Hühnerbrühe, 250 g Morcheln, 2 Schalotten, 100 g Butter, 24 Krebse, 1/2 Teel. Kümmel, 40 g Krebsbutter (im Handel erhältlich!), 30 g Mehl, 1/4 Liter Sahne, 2 Eier, 1 Eiweiß, 100 g geriebenes Weißbrot, Muskat, Petersilie.

Das Gemüse gut putzen und waschen, den Kohlrabi halbieren und in Scheiben schneiden, Blumenkohl in Röschen zerteilen, den Spargel schälen und dritteln, die Möhren, falls sie sehr klein sind, ganz lassen.

Der zerstörte Deutsche und Französische Dom wurden nach dem 2. Weltkrieg wieder neu errichtet. Der Französische Dom rechts beherbergt das Hugenotten-Museum und im Turm ein Feinschmeckerrestaurant. Aus der einst schlichten deutschen und französischen Kirche ließ Friedrich II. 1780–85 von Carl Gontard, einem hugenottischen Baumeister, durch aufwendige Zusatzbauten zwei repräsentative Dome erbauen. Bildmitte: Schauspielhaus.

Den Spargel und die Erbsenschoten in Salzwasser kochen, den Blumenkohl in Milchwasser und die Möhren sowie den Kohlrabi in Hühnerbrühe (Brühe aufbewahren für die Sauce!).

Die Morcheln vierteln, gut waschen und einmal überbrühen. Schalotten abziehen und in feine Würfel schneiden, in etwa 40 g Butter glasig andünsten und dann die Morcheln darin gar dünsten. Die fertigen Gemüse warm halten.

Die gesäuberten Krebse in sprudelndem Salzwasser mit Kümmel etwa 5 Minuten kochen, abkühlen, ausbrechen und die Därme herausziehen. 12 Nasen innen säubern und zum Füllen beiseite stellen.

Von der Krebsbutter und dem Mehl eine Schwitze für die Sauce herstellen und mit Hühnerbrühe und Sahne (soviel wie Sie Sauce benötigen), angießen und über das Gemüse geben.

Etwa 60 g schaumig gerührte Butter, 2 Eigelb, 1 geschlagenes Eiweiß, das geriebene Weißbrot, Salz und etwas Muskat zu einem nicht zu festen Teig verarbeiten und die 12 Krebsnasen damit füllen. Vom Rest Klößchen formen und beides in Hühnerbrühe langsam garen lassen.

Das Gemüse in einer tiefen Schüssel anrichten. Die Morcheln obenauf in die Mitte geben und rundherum garnieren mit den gefüllten Krebsnasen, den Krebsschwänzen, -scheren und den Klößchen. Mit gehackter Petersilie bestreuen.

Zum Leipziger Allerlei passen sehr gut gebratene Hühner, kleine Koteletts, Kalbsfilet oder auch Ochsenzunge.

Aus dem Stralauer Fischfang

Krebse Berliner Art

Berlin und Umgebung gehörten früher zu den krebsreichsten Fanggebieten Deutschlands. Die Krebspest führte Mitte des 19. Jahrhunderts zu einem zeitweiligen Aussterben des Edelkrebses. Doch der in Oder und Spree ausgesetzte amerikanische Flußkrebs vermehrte sich schnell und machte reichliche Krebsfänge wieder möglich. Mit zunehmendem Wohlstand allerdings kam das Krebsessen aus der Mode. Heute bezieht man französische und türkische im Handel.

10–20 Krebse (pro Person), Salzwasser, knapp 1 Eßl. Kümmel, 1 Stengel Dill, 80 g Butter, 1 Knoblauchzehe, 1 Eßl. Zwiebelstreifen, 250 g Suppengrünstreifen, 1/4 Liter Sahne, geschnittene Dillspitzen, Tomatenwürfel von 4 enthäuteten Tomaten, Salz, Pfeffer aus der Handmühle, 2 Eigelb.

Salzwasser in einem großen Topf zum Kochen bringen, Kümmel, Dillstengel und die gesäuberten lebenden Krebse hineingeben und etwa 4 Minuten sprudelnd kochen lassen. Man kann Krebse auch mit weniger Salz kochen und dafür einen Brühwürfel in das Wasser geben!

Die Krebse aus der Brühe nehmen, kurz kalt abspülen und die Scheren und Schwänze ausbrechen. Die Därme herausziehen und den bitteren Naseninhalt ausputzen. Dann die angefallenen Schalen in einem Mörser zerstoßen, in der Hälfte der Butter anschwitzen, Knoblauch und etwa 1/2 Liter Krebsbrühe dazugeben, dann 20 Minuten kochen lassen.

Zwiebel- und Suppengrünstreifen im Rest der Butter ein wenig andünsten, dann die Krebsbrühe durch ein feines Sieb über das Gemüse gießen, die Hälfte der Sahne hinzufügen und köcheln lassen, bis das Gemüse weich geworden ist. Nun die Dillspitzen, Tomatenwürfel, Krebsscheren und -schwänze dazugeben. Das eintopfartige Gericht mit Salz und Pfeffer würzen und mit dem Rest der Sahne und dem Eigelb legieren. Nicht mehr kochen! Berliner Krebse sollten recht suppig sein und in einer Terrine zu Tisch gebracht werden. Dazu gibt es frisches Baguette.

Köllnischer Fischmarkt mit Rathaus und Petrikirche im Jahre 1785.

Krebse in Bier

die originelle Art: Gekocht in einem Sud aus Bier und viel Kräutern, jedoch kalt serviert zu frischem Brot und Schnittkäse!

30–50 Krebse (für 4 Personen), 1 Fl. Weißbier, 1 Fl. helles Bier, ebensoviel Wasser, 1 Bund ausgewachsenen Dill, 1/2 Zweig Thymian, 1 Zweig Estragon, 6 Nadeln Rosmarin, 1/2 kleines Suppengrün, 1 Eßl. Kümmel, 1 Lorbeerblatt, Pfeffer aus der Handmühle, Salz, 1 Brühwürfel, 1 Knoblauchzehe, 1 Teel. Zucker.

Die Krebse am besten schon einen halben Tag vorher kochen! Dazu Bier und Wasser in einen großen Topf geben und mit allen Gewürzen, Kräutern und dem Suppengrün einen Sud herstellen. Reichlich Salz nehmen, Krebse brauchen viel davon!

Einmal gut durchkochen, dann die gut gesäuberten lebenden Krebse hineingeben und 5 Minuten sprudelnd kochen. Topf vom Herd nehmen und die Krebse im Sud auskühlen lassen.

Dann, so wie sie sind, trocken auf einer großen Platte anrichten, mit etwas Dill garnieren und verschiedene Brotsorten und Butter dazu servieren.

Zum Brechen der Krebse empfiehlt sich ein spezielles Krebsmesser. Die Krebse werden zerteilt und ausgelutscht bzw. das Fleisch herausgelöst und so gegessen.
Ein herzhafter Schnittkäse paßt sehr gut dazu. Getrunken wird natürlich Bier.

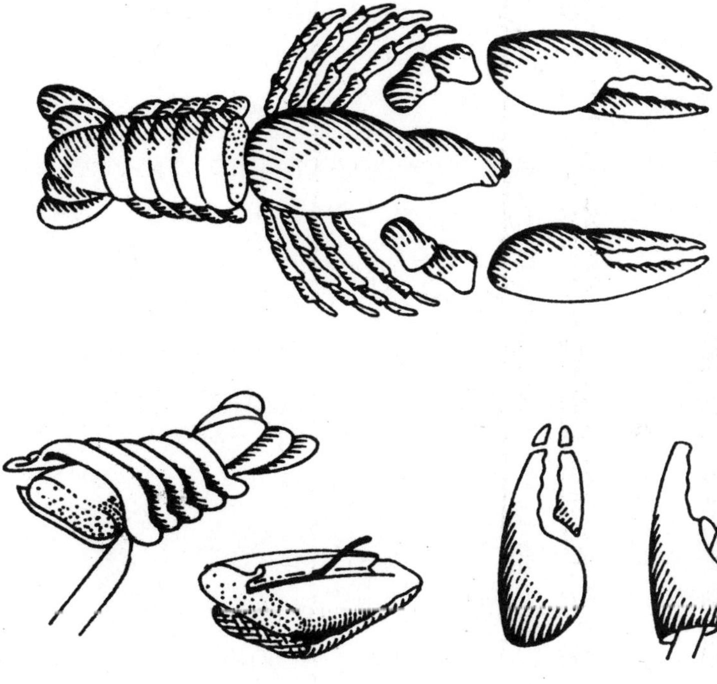

Die Krebse werden, wie oben gezeigt, in Teile zerlegt, die Spitzen der Scheren gekappt und mit dem Messer seitlich geöffnet, um das Fleisch herauslösen bzw. auslutschen zu können. Den Schwanzpanzer ebenso mit dem Messer seitlich aufschneiden, aufbiegen und das Fleisch herausnehmen. Dann den Darm herausziehen.

Aal grün

oder gekochter Aal in einer würzigen Kräutersoße – bekannt auch als „Aal jrün"!

Etwa 1 1/4 kg Flußaal (küchenfertig und enthäutet), 1 Petersilienwurzel, 1 Möhre, 1 Zwiebel, 1/2 Liter Wasser, Salz, 2 Eßl. Essig (beste Qualität), 1/2 Brühwürfel, 1 Lorbeerblatt, je 1 Zweig Salbei und Estragon, je 1 Bund Petersilie und Dill, 40 g Butter, 30 g Mehl, 1/4 Liter süße Sahne, Pfeffer aus der Handmühle, Zitronensaft.

Das Gemüse putzen und waschen, die Zwiebel abziehen. Wasser mit Salz und Essig, dem Brühwürfel, Gemüse und Lorbeer sowie den Kräutern (die Hälfte Petersilie und Dill zurücklassen!) zum Kochen bringen.

Den Aal waschen, in 5 cm lange Stücke schneiden, in den Sud geben und etwa 15 Minuten gar kochen. Dann die Aalstücke warm stellen.

Die Aalbrühe durch ein Sieb gießen und 1/4 Liter davon abmessen. Butter zerlassen, das Mehl unterrühren und hellgelb werden lassen.

Dann die Aalbrühe und Sahne hinzugießen, mit einem Schneebesen glattrühren und einige Minuten kochen lassen. Schließlich mit Salz, Pfeffer und Zitronensaft abschmecken, gehackte Petersilie und feingeschnittenen Dill hinzufügen und die Sauce über die Aalstücke geben.

Dazu gibt es Gurkensalat.

Estragon

Kümmel

Lorbeer

Petersilie

Thymian

Salbei

Aal in Weißbier

eine andere Berliner Art: Gekocht in einem Sud aus Weißbier, Suppengrün und geriebenem Schwarzbrot.

Etwa 1 1/2 kg Flußaal (küchenfertig und enthäutet), 1 Bund Suppengrün, 40 g Butter, 1 kleine Fl. Weißbier, 1 Lorbeerblatt, 3 Eßl. fein geriebenes Schwarzbrot, 1/8 Liter süße Sahne, Salz, Pfeffer aus der Handmühle, etwas Zitronensaft, einige Salbeiblättchen, Dill.

Den Aal waschen und in ca. 5 cm lange Stücke schneiden. Suppengrün putzen, waschen, würfeln und mit etwas Butter in einem Schmortopf anschwitzen, dann die Aalstückchen dazugeben und mit Weißbier gerade bedecken.

Lorbeerblatt und geriebenes Schwarzbrot dazugeben und etwa 15 Minuten köcheln lassen.

Den gegarten Aal herausnehmen und warm stellen. Das Lorbeerblatt aus der Sauce nehmen und zur gewünschten Menge einkochen lassen. Sahne dazugeben und 1 Eßlöffel kalte Butter darunterrühren.

Mit Salz, reichlich Pfeffer und Zitronensaft abschmecken. Dann die Sauce mit dem Gemüse über die Aalstückchen geben und in Butter angebratene Salbeiblättchen und Dill darüberstreuen.

Das „Magistrats-Kaffeehaus" in Treptow und spätere Gartenlokal „Zenner", erbaut 1822, unter anderem Ziel des berühmten „Stralauer Fischzuges", einem Volksfest das seit 1571 jeweils am Bartholomäustag, dem 24. August, anläßlich des Endes der Fischschonzeit gefeiert wurde.

Altberliner Schusterpastete

der einfache Fischauflauf aus Kartoffeln, Suppenfleisch, Speck und Heringsfilets.

800 g Kartoffeln, 400 g weichgekochtes Suppenfleisch, 1 große Zwiebel, 100 g magerer Speck, 2 Herings- oder Matjesfilets, 1 Bund Petersilie, 1/4 Liter Milch, 3 Eier, Pfeffer aus der Handmühle, 3 Eßl. geriebener Schweizer Käse, 3 Eßl. geriebenes Weißbrot, 100 g Butter.

Die gekochten und gepellten Kartoffeln sowie das Suppenfleisch in Scheiben schneiden.
Speck und abgezogene Zwiebel in Streifen schneiden und in etwas Butter anschwitzen.
Diese abwechselnd mit den Kartoffeln, dem Suppenfleisch, den in Stückchen geschnittenen Heringsfilets und der gehackten Petersilie in eine ausgebutterte Auflaufform geben.
Die Milch mit dem Ei verrühren, mit Pfeffer würzen und über die Kartoffeln gießen.
Mit Käse und geriebenem Weißbrot bestreuen, Butterflöckchen draufsetzen und etwa 40 Minuten bei 200 Grad im vorgeheizten Ofen backen. Die letzten 5 Minuten auf Oberhitze stellen.

Die Schuhmacher-Werkstätten in der Parochialstraße zwischen Juden- und Spandauer Straße (heute unbebaut) Mitte des 19. Jahrhunderts.

Schleie Spreewälder Art

wie die Schleie so gehören auch Plötze, Bleie, Elritze, Flußbarbe und die Karausche zu den Karpfenfischen und können ebenso zubereitet werden.

4 Schleien (je 350 g), Salz, 1/2 Zitrone, 1 Möhre, 1/2 kl. Sellerieknolle, 1 Stange Lauch, 100 g Butter, 125 g Champignons, 0,7 Liter Weißbier, 1/4 Liter Weißwein, 20 g Mehl, 1/4 Liter Sahne, 2 Eigelb, etwas weißer Pfeffer, Petersilie, Dill.

Die ausgenommenen Fische gut abspülen, salzen, mit etwas Zitrone beträufeln und kalt stellen.

In einem Bräter (passend für 4 Fische) das gut gesäuberte und in Streifen geschnittene Gemüse in reichlich Butter anschwitzen.

Dann die Fische mit dem Bauch nach unten auf das Gemüse legen. In Scheiben geschnittene Champignons darübergeben, mit Weißbier oder Weißwein angießen, dann mit Butterpapier abdecken und für etwa 45 Minuten in den vorgeheizten Backofen bei 200 Grad schieben. Die Hitze des Ofens zwischenzeitlich etwas drosseln.

Die Fische sind gar, wenn sich die Schwimmflossen leicht herausziehen lassen. Dann auf eine vorgewärmte Platte setzen, Haut abziehen, Flossen entfernen und die Fische warm stellen.

Inzwischen vom Rest der Butter und dem Mehl in einer Pfanne eine Schwitze bereiten, vom Herd nehmen, die Hälfte der Sahne angießen und glattrühren.

Die Mehlschwitze mit der im Bräter verbliebenen Sauce verrühren und etwa 10 Minuten köcheln lassen. Sollte die Sauce nicht reichen, noch etwas Weißwein angießen, dann mit dem Rest Sahne und 2 Eigelb legieren. Mit Salz, weißem Pfeffer und Zitrone abschmecken.

Die Sauce mit dem Gemüse über die warmgestellten Fische geben und mit gehackter Petersilie und Dill bestreuen.

Als Beilagen sind schön mehlige Kartoffeln mit einem frischen grünen Salat zu empfehlen!

Schleie

Flußbarsch in Petersiliensauce

noch um die Jahrhundertwende in märkischen Gewässern leicht zu angeln – im Volksmund auch Bars genannt.

1 1/2 kg Barsch (küchenfertig), Salzwasser, Essig, 1 abgezogene Zwiebel, 1 Petersilienstengel, 1 Lorbeerblatt, je 4 Nelken und Gewürzkörner (Piment).

Für die Sauce: 4 Petersilienwurzeln, 1 Schalotte, 100 g Butter, 1 Flasche Weißbier, etwa 2 Eßl. geriebenes Weißbrot, 2 Eigelb, 1/8 Liter Sahne, Salz, Pfeffer aus der Handmühle, gehackte Petersilie.

Den gewaschenen Fisch in reichlich Salzwasser mit einem Schuß Essig, der Zwiebel, dem Petersilienstengel, Lorbeerblatt, Nelken und Gewürzkörnern 10 Minuten schwach kochen.

Die Petersilienwurzeln putzen, waschen und in gefällige Stückchen schneiden. Die Schalotte würfeln, mit wenig Butter anschwitzen, dann die Petersilienwurzeln dazugeben, mit Weißbier angießen und weich kochen.

Mit dem geriebenen Weißbrot die Sauce sämig machen, mit Eigelb und Sahne legieren, dann mit Salz und Pfeffer abschmecken. Eventuell noch etwas Fischwasser nachgießen!

Den Rest kalte Butter unterschwenken und reichlich gehackte Petersilie beigeben. Den Fisch und die Sauce getrennt servieren.

Barsch wird auch gerne mit der sprichwörtlichen Senfsauce oder Senfbutter gegessen: Dabei wird er zunächst trocken angerichtet, mit hartgekochten, gehackten Eiern und Petersilie bestreut, dann reichlich Butter in einem Tiegel zerlassen, bis sie leicht bräunliche Färbung bekommt, 2-3 Eßlöffel Mostrich untergerührt und der Fisch damit reichlich begossen.

Blick auf den Mühlendamm um 1876. Vorn die Fischkästen an der Fischerbrücke, in denen die Fischer ihre „schwimmenden Fänge" bereit hielten, um sie auf den Wochenmärkten frisch verkaufen zu können.

Grashecht gebraten

Der Hecht, „Haifisch" des Süßwassers, der nicht nur seine Artgenossen frißt, sondern auch seine eigene Brut, schmeckt von September bis Ende Januar am besten. Die ein- und zweijährigen noch olivgrün aussehenden Jungtiere heißen Grashechte und sind besonders zart und schmackhaft.

4 Hechte (etwa 1 1/2 kg, küchenfertig, mit Kopf), 200 g fetter Speck in Streifen, Salz, weißer Pfeffer, Zitronensaft, geriebenes Weißbrot, 2 geschälte Zitronen in dünnen Scheiben, 4 abgespülte Sardellenfilets, 1 Bund Petersilie.

Die Hechte waschen und vorsichtig mit einem kleinen spitzen Messer mehrmals quer einschneiden. Feine Speckstreifen mit der Spicknadel von Einschnitt zu Einschnitt unter der Haut durchziehen. Dann salzen, pfeffern und mit Zitronensaft beträufeln.

Um ein Austrocknen des Fleisches beim Braten zu verhindern, werden große Fische, besonders Hecht und Zander, mit kleinen, fetten Speckstreifen gespickt.

In einer großen Pfanne Butter auslassen und die gespickten Hechte darin unter fleißigem Begießen und mehrmaligem Wenden bei mäßiger Hitze etwa 20 bis 25 Minuten braten lassen.

Nach der Hälfte der Bratzeit die Hechte herausnehmen, in reichlich geriebenem Weißbrot wälzen und weiter schön goldgelb braten.

Eventuell etwas frische Butter hinzugeben und immer wieder begießen.

Die Fische auf einer passenden Platte anrichten, sodann mit den geschälten Zitronenscheiben belegen, gehackte Sardellenfilets sowie gehackte Petersilie darübergeben und mit reichlich brauner Butter begießen.

Dazu gibt es warmen Kartoffelsalat mit kross gebratenen Speckwürfeln und reichlich Radieschenscheiben.

Gasbrat- und -backofen von 1896.

Berliner Speckhecht

ein interessantes Fischrezept: Als Auflauf mit Sauerkraut, Äpfeln und Austern.

800 g Hechtfilet (ohne Haut), 200 g magerer Speck, 1/2 Zitrone, Salz, Pfeffer aus der Handmühle, etwas Mehl, 125 g Butter, 1 Zwiebel, 4 Salbeiblättchen, 2 Äpfel, 1/4 Liter Kalbsrahmsauce, 1 kg Sauerkraut (gekocht), 12 Austern, 1/8 Liter saure Sahne, 2 Eier, 1 Bund Petersilie, geriebenes Weißbrot.

Hechtfilets in 4 oder 8 Stücke schneiden und mit dünnen Speckstreifen spicken. Mit Zitrone beträufeln, salzen und pfeffern, dann in Mehl wenden und in der heißen Butterpfanne schön goldgelb braten.

Den übrigen Speck und die Zwiebel in feine Würfel schneiden, mit etwas Butter in einem Tiegel anbraten und die Salbeiblättchen zugeben.

Die geschälten Äpfel entkernen, in Scheiben schneiden, zu den Speckzwiebeln geben, dann mit der Kalbsrahmsauce aufgießen und etwas köcheln lassen.

Eine Auflaufform ausbuttern und die Hälfte Sauerkraut hineingeben. Die gebratenen Hechtfilets darauflegen und die Sauce darübergießen. Dann die zweite Hälfte Sauerkraut über den Hecht verteilen.

Die gewaschenen Austern fein säuberlich öffnen, eventuelle Splitter entfernen und die gelösten Austern auf das Sauerkraut verteilen, etwas eindrücken und die saure Sahne mit den verrührten Eiern darübergießen.

Gehackte Petersilie und geriebenes Weißbrot mit etwas Pfeffer darüberstreuen, reichlich Butterßöckchen aufsetzen und im vorgeheizten Ofen 30–40 Minuten bei etwa 200 Grad backen.

Wochenmarkt auf dem Alexanderplatz um 1880.
Im Vordergrund einige Holzbottiche mit Wasser, in denen die Händler verschiedene Süßwasserfische für ihre Kunden bereit hielten.

Mecklenburger Pflückhecht

dieser wird wegen des Geschmacks und weil es leichter geht erst nach dem Garen von seinen Gräten und der Haut getrennt bzw. „zerpflückt".

1 kg Hecht (küchenfertig, ohne Kopf), 1 Flasche Weißbier, 1/4 Liter Wasser, 1 Lorbeerblatt, 4 Gewürzkörner, Essig, 1 kleines Suppengrün, Salz, 16 Krebse, 1 Hechtleber, geriebenes Weißbrot, 1 Ei, Muskat, 125 g Morcheln, 60 g magerer Speck, 1 Schalotte, 60 g Butter, 1 Eßl. Mehl, 1/4 Liter Sahne, 1 Hering, Pfeffer aus der Handmühle, 1 kleines Bund Petersilie.

Bier und Wasser in einem Topf zum Kochen bringen, Lorbeerblatt, Gewürzkörner, einen Spritzer Essig und die Hälfte des Suppengrüns mit etwas Salz dazugeben. Die gesäuberten Krebse knapp 5 Minuten darin kochen, dann herausnehmen, abkühlen lassen und ausbrechen.

Den gewaschenen Hecht in 4 oder 6 Stücken in den kochenden Sud geben und etwa 15 Minuten garziehen lassen.

Die Hechtleber und das Fleisch der Krebsscheren fein hacken und mit dem Reibemehl, Ei und etwas Muskat zu einer Farce verarbeiten, kleine Klößchen daraus formen und 3–4 Minuten mit dem Hecht garziehen lassen.

Morcheln verlesen, 1–2mal durchschneiden und gründlich waschen. Den Rest Suppengrün gut säubern und in kleine Würfel schneiden.

Speck und Schalotte ebenso würfeln und mit wenig Butter anschwitzen, das Gemüse und die Morcheln zugeben, noch etwas dünsten lassen, dann einen Eßlöffel Mehl dazugeben und schließlich mit dem Fischsud und der Sahne aufgießen, soviel an Sauce benötigt wird. Glattrühren und köcheln lassen, bis das Gemüse weich ist. Ist die Sauce nicht sämig genug, etwas Reibemehl hineinstreuen.

Den Hecht aus dem Sud nehmen, Haut und Gräten lösen und den Fisch sauber in gefällige Stücke „zerpflücken".

Dann den gut gewässerten und geschnittenen Hering mit den Klößchen und den Krebsschwänzen in die Sauce geben.

Den Rest kalte Butter unterschwenken und mit Pfeffer, Salz und Muskat abschmecken. Zum Schluß gehackte Petersilie und den Hecht vorsichtig in die Sauce geben, nochmals erhitzen.

Dazu gibt es weiße Rübchen und neue kleine Pellkartoffeln mit Kümmel gekocht.

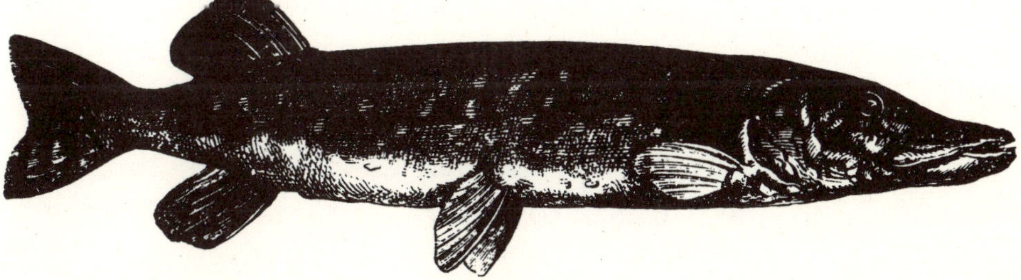

Hecht

Zander auf Stettiner Art

eine interessante Zubereitung mit Weißwein – sollte jedoch gerade keiner zur Verfügung stehen, so können Sie auch einfach Weißbier nehmen.

2 kg Zander (küchenfertig), Zitronensaft, Salz, 1 kleines Bund Suppengrün, 100 g Butter, 15 weiße Pfefferkörner, 3 Gewürznelken, 1 Lorbeerblatt, 1 Messerspitze Muskatblüte, 1 Tasse Wasser, 1/2 Liter Weißwein, 1 Zwiebel, 30 g Mehl, Senf, 1/4 Liter Sahne, 2 Eigelb, gehackte Petersilie.

Zander abspülen und trockentupfen, mit Zitronensaft beträufeln und eine Weile ziehen lassen, dann salzen.

Das Suppengrün putzen, waschen und in Scheiben schneiden. Einen Bräter mit Butter ausstreichen, das Suppengrün darin verteilen und den Fisch mit der Bauchseite nach unten darauflegen. Die Gewürze darübergeben und ein wenig Wasser und Weißwein hinzugießen. Schließlich den Fisch mit gebuttertem Papier abdecken, in den vorgeheizten Backofen schieben und bei 200 Grad etwa 1 Stunde garen lassen. Ab und zu mit der Sauce begießen.

Die abgezogene und gewürfelte Zwiebel in etwas Butter andünsten, Mehl hinzufügen und kurz anschwitzen. Den restlichen Wein hinzugießen und unter Rühren etwas kochen lassen.

Den fertig gegarten Fisch mit dem Gemüse warm stellen und den verbliebenen Sud durch ein Sieb zu der Sauce geben, Gewürze herausnehmen.

Die Sauce mit Salz, Senf und Zitronensaft abschmecken und mit dem mit Sahne verschlagenen Eigelb legieren, erhitzen, aber nicht mehr kochen lassen! Zum Schluß die restliche kalte Butter unterrühren.

Das Gemüse mit dem Fisch anrichten und mit Petersilie bestreuen. Die Sauce sowie Salzkartoffeln und Blattsalat dazu reichen.

Zander

Preußischer Butterfisch

Filets von verschiedenen Süßwasserfischen – in würziger Sauce mit frischen Kartoffeln.

800 g Fischfilet (vom Hecht, Zander, Barsch, Forelle, Karausche, oder auch 2–3 Sorten gemischt), Salz, Zitronensaft, 1 Flasche Weißbier, 1 Tasse Wasser, 1/2 Lorbeerblatt, 1 Bund Petersilie, 1 Stück Weißes vom Lauch, 1/2 Sellerieknolle, 2 Schalotten, 180 g Butter, 2 Eßl. geriebenes Weißbrot, 1/8 Liter saure Sahne, 1 Röhrchen Kapern, weißer Pfeffer.

Die Filetstücke abspülen, trockentupfen, leicht salzen und mit Zitronensaft beträufeln.

Weißbier, Wasser, Lorbeerblatt, einen Petersilienstengel sowie etwas vom Lauch und der Sellerieknolle in einen Topf geben und alles zusammen 5 Minuten kochen.

Dann das Filet in den Sud geben und etwa 10 Minuten garziehen lassen.

Den verbliebenen größeren Teil vom Lauch und der Sellerieknolle sowie die abgezogenen Schalotten fein würfeln und jeweils 2 Eßlöffel davon in etwas Butter anschwitzen.

Das geriebene Weißbrot hinzufügen und von dem Fischfond soviel dazugießen, wie für die Sauce benötigt wird. Köcheln lassen, bis das Gemüse schön weich ist.

Die saure Sahne und die Kapern (mit Flüssigkeit) zugeben und die Sauce mit Salz, Pfeffer und Zitronensaft würzen.

Die restliche kalte Butter unterschwenken und gehackte Petersilie darüberstreuen. Die Sauce nicht mehr kochen lassen.

Das Wirtshaus Schildhorn an der Havel 1903 – auch heute noch ein beliebtes Ausflugslokal.

Mecklenburger Kneffs

aus Fischfilets gebackene Klößchen in feiner Kräutersauce.

350 g Hechtfilet, 150 g Zanderfilet, Salz, Pfeffer aus der Handmühle, Muskat, 2 Eier, 1/4 Liter Sahne, 4 Eßl. geriebenes Weißbrot, 40 g Butter.

Für die Sauce: 2 Schalotten, 40 g Butter, 1/4 Liter Brühe, jeweils 2 Eßl. fein gehackter Spinat, Sauerampfer, Petersilie, Bärlauch und Dill, 2 Blätter Salbei, 1/4 Liter saure Sahne, Salz, Pfeffer.

Die Hecht- und Zanderfilets durch den Wolf (feinste Scheibe) drehen und kalt stellen.

Mit Salz, Pfeffer und Muskat würzen, zwei Eßlöffel geriebenes Weißbrot dazugeben und nach und nach die Eier und Sahne unterrühren. Die Masse eventuell nochmals durch ein Haarsieb streichen und kalt stellen.

Ein Backblech gut mit Butter ausstreichen, die Kneffs in der nassen Hand mit einem Eßlöffel eiförmig abstechen und auf das gebutterte Blech setzen. Im vorgeheizten Backofen bei 200 Grad etwa 25 Minuten garen.

Für die Sauce die abgezogenen und gewürfelten Schalotten in Butter anschwitzen, den Rest geriebenes Weißbrot dazugeben, Brühe angießen, gut durchrühren und köcheln lassen.

Sämtliche feingehackten Kräuter hinzugeben, etwas köcheln lassen und die saure Sahne unterrühren. Mit Salz und Pfeffer abschmecken. Als Beilage sind ganz junge Möhren mit Salzkartoffeln zu empfehlen.

Aus Pfannen und Schmortöpfen

Pottwurst mit Linsen

das urwüchsige Berliner Gericht aus Gerste, gehacktem Fleisch, Schweineblut und Schrippen, frei nach dem Budiker Friebel vom Molkenmarkt 11:

„Meine Wurscht is jut, wo keen Fleisch is, da is Blut, wo keen Blut is, da sind Schrippen, an meine Wurscht is nich zu tippen!"

125 g feine Gerste, 1 Liter Wurstbrühe, 125 g Kalbslunge, 250 g Schweinebacke, 2 Speckschwarten, 1 große Zwiebel, 1–2 Schrippen, etwas Salz, Pfeffer, 1 Päckchen Wurstkräuter, 1/8 Liter Schweineblut, 250 g Linsen, 1 Möhre, 1 Petersilienwurzel, 60 g Speck, Wasser, Essig.

Die Gerste bereits am Vortag in 1/3 der Wurstbrühe einweichen. Die gewaschene Kalbslunge, Schweinebacke, 1 Speckschwarte und abgezogene, in grobe Würfel geschnittene Zwiebel in der restlichen Wurstbrühe weich kochen.

Dann durch den Fleischwolf drehen (grobe Scheibe) und wieder in die Brühe geben. Die gequollene Gerste und die eingeweichten, ausgedrückten und zerpflückten Schrippen hinzufügen. Das Ganze weiterkochen lassen. Die Pottwurst soll eine dickbreiige Konsistenz haben. Wurstkräuter und Schweineblut unterrühren und mit Salz und Pfeffer abschmecken.

Nun die Linsen, das gewaschene und kleingeschnittene Gemüse, den gewürfelten und angebratenen Speck und die verbliebene Speckschwarte im Wasser gar kochen. Dann mit Essig abschmecken.

Die Linsen als Beilage mit Pellkartoffeln und saurer Gurke zur Pottwurst reichen.

Molkenmarkt im Jahre 1780.

Stolzer Hering

oder auch Bratwurst in würziger Biersoße – das originelle Gericht aus Zilles Milieu!

4 gebrühte Bratwürste (fein oder grob), Milch, Butter, 1/4 Liter Malzbier, 1/4 Liter Weißbier, 12 Pfeffer- und 2 Gewürzkörner, 1 Lorbeerblatt, 2 Nelken, 100 g Pfefferkuchen, 1 kg Kartoffeln, 1/4 Liter Buttermilch, 1 Zwiebel, 100 g Magerspeck, etwas Butter.

Die Bratwürste durch Milch ziehen und in zerlassener Butter von allen Seiten schön braun braten, aus der Pfanne nehmen und warm stellen.
Zerdrückte Pfeffer- und Gewürzkörner, Lorbeerblatt, Nelken sowie zerdrückten Pfefferkuchen mit beiden Sorten Bier in das Bratenfett geben und zur gewünschten Saucenmenge einkochen lassen. Lorbeerblatt und Nelken entfernen, die Würste in die Sauce legen und warm stellen.
Kartoffeln schälen, waschen, in Würfel schneiden und in Salzwasser gar kochen. Dann das Wasser abgießen, die Kartoffeln stampfen und unter Zugabe der Buttermilch zu einem feinen Brei verrühren.
Die Zwiebel abziehen, mit dem Speck in Würfel schneiden und in Butter goldbraun braten, dann über das Kartoffelpürree geben und zu der Wurst servieren. Dazu wird Rotkohl gereicht.

„Wurstmaxe" mit seiner sogenannten Wurstlokomotive, die mit Kohlen beheizt und von einem Pferd gezogen wurde im abendlichen Berlin Ende des 19. Jahrhunderts.

Berliner Bollenfleisch

Bollen ist in Berlin der vielsagende Begriff für Zwiebeln.

1000 g Hammelfleisch schier (am besten Schulter oder Keule), 800 g Zwiebeln, 60 g Butter, 1 Teel. Kümmel, Salz, Pfeffer aus der Handmühle, 1 Bund Bärlauch (Waldknoblauch).

Zunächst die Zwiebeln schälen, in Scheiben schneiden und mit der Butter kurz anschwitzen.

Fleisch in mundgerechte Stücke schneiden und dazugeben. Kümmel, Salz und Pfeffer darübergeben und mit Wasser angießen, so daß das Fleisch gerade bedeckt ist. Etwa 1 Stunde weich kochen lassen.

Die Brühe nun zur Hälfte einkochen. Es ist ratsam, auch einen Brühwürfel zu verwenden. Das Gericht muß kurz und dicklich gehalten sein. Eventuell noch einen Eßl. geriebenes Weißbrot zur besseren Bindung dazugeben und dann nochmals 5 Minuten kochen lassen.

Zum Schluß den feingeschnittenen Bärlauch darübergeben.

Dazu gibt es Salzkartoffeln. Auch können Sie die Kartoffeln die letzten 20 Minuten im Bollenfleisch mitkochen lassen.

Einer der vielen Gemüse- und „Äppel"kähne, welche die Berliner Wasserstraßen nutzten und zur Versorgung der Bevölkerung beitrugen. Hier ein Gemüsekahn am Landwehrkanal um 1900 mit „Guten Kartoffeln" im Angebot.

Altberliner Speckeierkuchen

den man in Berlin statt mit Milch sehr gern auch mit Weißbier zubereitet!

250 g Mehl, 1/2 Liter Weißbier, 1 Eßl. Öl, Salz, geriebene Muskatnuß, 6 Eier, 250 g Magerspeck, 1 Zwiebel, 40 g Butter, Speiseöl zum Backen.

Mehl und Weißbier in einer Schüssel mit dem Öl, einer Prise Salz und Muskatnuß verrühren, dann die Eier nur kurz unterziehen, damit die Eierkuchen locker bleiben.

Speck in Würfel schneiden, Zwiebel abziehen, ebenfalls würfeln und beides in der zerlassenen Butter anbraten.

Etwas Speiseöl in einer Pfanne erhitzen, für jeden Eierkuchen 1/4 von den Speck-Zwiebeln hineingeben, dann 1/4 von dem Eierkuchenteig daraufverteilen und schließlich von beiden Seiten goldgelb backen.

Falls Sie das Wenden der Eierkuchen aus der Pfanne nicht ohnehin schon beherrschen, nehmen Sie einfach einen flachen Topfdeckel dazu.

Eine große Schüssel Kopfsalat mit viel Kräutern gehört zu diesem Gericht.

Schlesisches Himmelreich

Kartoffelklöße mit Backobst und Bauchspeck – schlesische Zuwanderer brachten es mit nach Berlin. Es heißt, daß um die vorletzte Jahrhundertwende fast jeder zweite Einwohner Berlins Schlesier war.

400 g gemischtes Backobst, Butter, 1 Stck. Zimt, etwas Zitronenschale, 1 Teel. Kartoffelmehl, 600 g magerer Bauchspeck. Für die Kartoffelklöße: 750 g gekochte und durchgepreßte Kartoffeln, 50 g geriebenes Weißbrot, 20 g Weizenmehl, Salz, 2 Eier, Muskat, 1 gewürfelte Weißbrotscheibe.

Backobst in 3/4 Liter Wasser 2 Stunden einweichen. Mit etwas Einweichwasser, Zimt und Zitronenschale 25 Minuten weich kochen, Kartoffelmehl mit Wasser anrühren, Backobst damit binden. Speck in Salzwasser weich kochen, in 4 Scheiben schneiden und auf einer Platte zusammen mit dem Backobst anrichten. Für die Kartoffelklöße geriebenes Weißbrot und Weizenmehl, Eier, Salz und Muskat mit der Kartoffelmasse verrühren, dann Butter zerlassen und Weißbrotwürfel goldgelb rösten. 8 Klöße formen, je 4–6 Weißbrotwürfel in die Mitte des Teiges drücken, in kochendes Salzwasser geben und etwa 20 Minuten garziehen lassen. Klöße mit Bauchspeck und Backobst servieren.

Gern wird auch geriebenes, in Butter gebräuntes Weißbrot über die Klöße gegeben.

Eisbein mit Sauerkraut

das „Leibgericht“ nicht nur der Berliner – das Eisbein, auch Kniebein genannt, ist übrigens jener Knochen, aus dem früher die Kufen von Schlittschuhen angefertigt wurden – daher der Name Eisbein!

4 gepökelte Eisbeine (je 600 g), 1 Möhre, 1 Zwiebel, 1 Lorbeerblatt, 6 Pimentkörner, Zucker.

Für das Sauerkraut: 750 g Sauerkraut, 1 große Zwiebel, 2 Äpfel, 100 g Schmalz, 1 Glas weißen Traubensaft, 1/2 Teel. Kümmel, 1 Lorbeerblatt, 4 Wacholderbeeren, etwas weißen Pfeffer, 1/4 Fl. Champagner oder 1 Fl. Weißbier, Eisbeinbrühe, 50 g Butter.

Die Eisbeine waschen und in einem großen Topf mit reichlich Wasser ohne Salz zum Kochen bringen.

Möhre schrappen, Zwiebel abziehen, beides mit den Gewürzen in den Topf geben und etwa 2 Stunden gar kochen. Durch Zugeben einer Prise Zucker erhält das Pökelfleisch außerdem eine schöne, rosarote Farbe. Das Fleisch schön weich kochen, damit es sich vom Knochen gut lösen läßt. Es schmeckt nicht nur besser sondern ist auch bekömmlicher!

Für das Sauerkraut Zwiebel pellen, Äpfel schälen und entkernen, beides in Scheiben schneiden und in einem Topf mit dem Schmalz gut anschwitzen, schließlich das Glas Traubensaft darübergeben und fast einkochen lassen.

Das gezupfte Sauerkraut mit den Gewürzen dazugeben und Champagner oder Weißbier angießen. Eventuell auch etwas Eisbeinbrühe zugeben und etwa 1 Stunde weich kochen. Abschmecken und die kalte Butter unterrühren. Sauerkraut braucht viel Fett.

Dazu gibt es Erbsenbrei von geschälten gelben Erbsen, die tags zuvor eingeweicht wurden. Auch hierzu sollte man ein wenig von der Eisbeinbrühe verwenden.

Ganz wichtig ist das Panaschee: Es besteht aus Speck und Zwiebeln, beides wird in Würfelchen geschnitten, goldbraun gebraten und über den Erbsenbrei gegossen.

Eisbeine zum Sauerkraut und Erbsenbrei servieren, den Mostrich dazu nicht vergessen!

Als „Beilage" ein Bier und als „Dessert" – noch ein Bier!

Sauerkrautpresse

Ochsenbrust

mit Meerrettichsauce und den so beliebten Bouillonkartoffeln.

1 kg Ochsenbrust (ohne Knochen), 1 Lorbeerblatt, Pfeffer aus der Handmühle, etwa 1 Liter Salzwasser, 1/4 Sellerie, 1 Möhre, 1 Petersilienwurzel, 1 Zwiebel, 1 Eßl. Schnittlauchröllchen.

Für die Meerrettichsauce: 1/4 Liter Milch, 1/4 Liter Ochsenbrühe, 60 g geriebenes Weißbrot, 1 Eßl. frischen geriebenen Meerrettich, 1/8 Liter Sahne, Essig, Salz, Pfeffer.

Das Fleisch waschen, mit dem Lorbeerblatt und reichlich Pfeffer im Salzwasser zum Kochen bringen und etwa 2 Stunden kochen lassen, bis die Ochsenbrust schön weich ist.

Sellerie, Möhre, Petersilienwurzel und Zwiebel putzen, schälen, in Scheiben schneiden, dann zu dem Fleisch geben und etwa 1/2 Stunde mitkochen lassen.

Für die Meerrettichsauce die Milch, Brühe und das geriebene Weißbrot in einen Topf geben und unter ständigem Rühren eine Weile köcheln lassen. Geriebenen Meerrettich und Sahne dazugeben und mit Essig, Salz und Pfeffer abschmecken.

Die Ochsenbrust in fingerdicke Scheiben schneiden und mit dem Gemüse auf einer vorgeheizten Platte anrichten, mit Schnittlauch bestreuen und mit Meerrettichsauce getrennt servieren.

Dazu gibt es Bouillonkartoffeln (siehe Seite 47) und nach Belieben Rote Beete, saure Gurken oder auch Senfgurken und Preiselbeeren.

Sogenannter Sandwichman wirbt für neu eröffneten Mittagstisch

Schmorgurken mit Schweinekamm

ein typisch berlinisches Gericht – vorzugsweise aus Salatgurken oder Freilandschlangen – Gemüsegurken eignen sich zwar besser, sind jedoch oft bitter.

1 1/2 kg Schweinenacken (Knochen vom Metzger auslösen und kleinhacken lassen), Salz, Pfeffer, 1 Bund Suppengrün, 1 Zwiebel, etwas Kümmel, 4 Wacholderbeeren, 2 Salatgurken (je etwa 500 g), 60 g magerer Speck, 1 kl. Zwiebel, 60 g Butter, Zucker, 1 gestr. Eßl. Mehl, 4 abgezogene, gewürfelte Tomaten, 1 Eßl. Essig, 2 Eßl. gehackte Petersilie, 1 Eßl Tomatenmark.

Schweinenacken und Knochen waschen, abtrocknen, mit Salz und Pfeffer einreiben, dann in eine mit Wasser gefüllte Bratpfanne legen und in einen auf etwa 200 Grad vorgeheizten Backofen schieben.

Sobald der Bratensatz bräunt, das geputzte und gewürfelte Suppengrün, Zwiebel, Kümmel, Wacholderbeeren und etwas Wasser hinzufügen.

Das Fleisch ab und zu mit dem Bratensatz begießen, die verdampfte Flüssigkeit gegebenenfalls mit Wasser ersetzen und etwa 1 1/2 Stunden schmoren lassen.

Salatgurken schälen, halbieren und mit einem Löffel die Kerne auskratzen, in dicke Scheiben schneiden.

Zwiebel abziehen und mit dem Speck in Würfel schneiden. Butter in einem Schmortopf zerlassen und die Speck-Zwiebeln kurz anschwitzen.

Nun die Gurken mit 1 Prise Zucker in den Topf geben, 15 Minuten garen lassen, mit Mehl bestäuben, etwas Brühe angießen und weitere 20 Minuten zugedeckt schmoren lassen.

Tomatenwürfel unterschwenken, nochmals aufkochen lassen, mit Pfeffer, Salz, Essig abschmecken und mit gehackte Petersilie bestreuen.

Das Fleisch aus dem Topf nehmen und warm stellen. Dem Bratensatz Tomatenmark zugeben, kurz schmoren lassen und mit etwas Wasser loskochen, dann durch ein Sieb gießen, bis zur gewünschten Menge einkochen lassen und mit Salz abschmecken.

Fleisch in Scheiben schneiden und zu den Gurken legen. Dazu die Sauce und Salzkartoffeln oder Kartoffelbrei servieren.

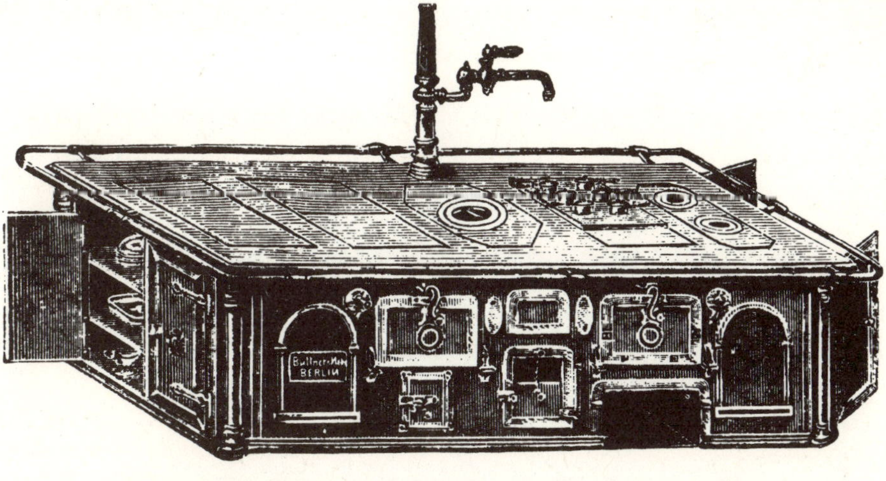

Küchenherd für den großen Haushalt etwa 1890.

Kasseler Rippe

benannt nach dem berühmten Berliner Fleischermeister Cassel aus der Potsdamer Straße, der im vergangenen Jahrhundert durch seine besondere Art des Pökelns und Räucherns das Schweinerippenstück haltbar machte und damit gleichzeitig eine besondere Geschmacksrichtung herausfand.

1 kg Kasseler Rücken (Knochen gleich vom Fleischer herausschneiden und zerkleinern lassen!), 1 große Zwiebel, 1 Möhre, 1/4 Sellerie, 1 Lauchgrünes, 6 zerdrückte Wacholderbeeren, 1 Lorbeerblatt, Kümmel, 1 cm Stangenzimt, Pfeffer aus der Handmühle, 1/2 Liter Rotwein, 1 Scheibe Pumpernikkel (fein gewürfelt), 1 Tasse Sauerkirschen (entsteint), 1 Teel. Kartoffelmehl, Butter.

Das Kasseler zusammen mit den zerkleinerten Knochen und wenig Wasser in einem Bratentopf in den vorgeheizten Backofen bei etwa 200 Grad schieben.

Die Zwiebel abziehen, Möhre, Sellerie und Lauch putzen, schrappen und waschen. Hiervon die Hälfte in groben Würfeln zum Kasseler in den Topf geben.

Nach etwa 20 Minuten Wacholderbeeren, Lorbeerblatt, Kümmel, Zimt und etwas Pfeffer darübergeben und weiter schmoren lassen. Zwischendurch wenden und falls nötig, Wasser nachschütten. Nach etwa 40 Minuten ist das Fleisch gar, nun herausnehmen und warm stellen.

Die verbliebenen Knochen und das Gemüse sollten angebräunt sein, Rotwein angießen und weiter schmoren lassen.

Nun die andere Hälfte des Gemüses (Möhre, Sellerie, Lauch und Zwiebel) in feine Würfel schneiden und in einem zweiten Topf mit dem Bratenfett oder Butter gut andünsten, den Rest Rotwein dazugießen, Pumpernickel beigeben und köcheln lassen. Dann die Kirschen dazugeben und zur gewünschten Saucenmenge einkochen lassen.

In die Kirschensauce nun den Bratenfond durch ein feines Haarsieb passieren. Ist die Sauce nicht sämig genug, mit dem angerührten Kartoffelmehl binden und gut durchkochen. Mit Salz und Pfeffer abschmecken und einen dicken Stich kalte Butter unterschwenken.

Kasseler in Scheiben auf eine vorgewärmte Platte bringen und die Sauce mit dem Gemüse darübergeben.

Die traditionsgebundenen Beilagen sind Kartoffelpüree und Sauerkraut. Es geht aber ebensogut auch mit Rotkohl, grünen Bohnen, Rosenkohl, Grünkohl oder Spinat.

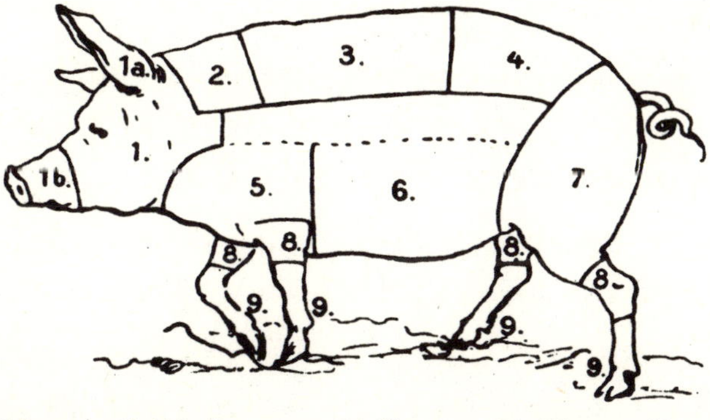

1) Kopf, 1a) Ohren, 1b) Schnauze, 2) Kamm, 3) Rippe, Karree, Kotelette, 4) Hintere Rippe, 5) Vorderschinken, 6) Bauch, 7) Hinterschinken, 8) Eisbein, 9) Spitzbein..

Kalbsleber Berliner Art

mit Äpfeln, Zwiebeln und Kartoffelpüree – ein typisches Gericht aus dem alten Berlin.

4 Scheiben Kalbsleber (zusammen 600–700 g), 4 saure Äpfel, 2 große Zwiebeln, etwas Butter und Öl, Mehl, Salz, Pfeffer aus der Handmühle.

Die Äpfel schälen, vierteln, das Kerngehäuse entfernen und in Scheiben schneiden. Dann in einer Pfanne in Butter braten und warm stellen.

Die Zwiebeln abziehen, in halbe Scheiben schneiden und in Butter braun braten.

Die Leber waschen, trockentupfen, Sehnen und Röhren entfernen und in Mehl wenden. In Butter mit einem Schuß Öl von beiden Seiten kurz braten. Innen muß die Leber rosig bleiben! Dann salzen und pfeffern.

Apfel und Zwiebeln über die Leber geben und die Bratbutter reichlich darübergießen.

Dazu gibt es Kartoffelpüree, grünen Salat und frische Möhren in Petersilie oder geschnippelte Stangenbohnen aus dem Garten.

Das älteste fast unversehrt gebliebene Gasthaus Berlins ist das Haus „Zur letzten Instanz“ aus dem Jahre 1621 in der Waisenstraße 14 an der Parochialkirche. Es besitzt einen 200 Jahre alten Kachelofen mit eingebauter Sitzbank, auf der auch Napoleon schon gesessen haben soll. Hier bestellt der gespannte Gast eine „Einstweilige Verfügung“ und bekommt eine Bulette mit Gemüse und Kartoffeln, wählt er jedoch eine „Zeugenaussage“ wird Eisbein auf Sauerkraut serviert und als „Kreuzverhör“ bezeichnet man hier eine Altberliner Schlachteplatte.

Zur letzten Instanz

Restaurant zum Nussbaum.
Paul Christoph.
Frühstück Mittag-
& Abendtisch
Fischer St.
21

Berliner Schnitzel

die urwüchsige Schnitzelart aus paniertem Kuheuterfleisch nach einem alten handgeschriebenen Rezept!

800–1000 g Kuheuter, Salz, 1 Bund Suppengrün, Pfeffer aus der Handmühle, etwas Mehl, 1 Ei, geriebenes Weißbrot, Butter, Öl.

Kuheuter putzen, unbrauchbare Teile wegschneiden, wässern und noch einmal überbrühen.

Etwa 1 Liter Wasser mit Salz und dem geputzten Suppengrün zum Kochen bringen. Das Fleisch etwa 3 Stunden darin gar kochen, abkühlen lassen und in schnitzelstarke Scheiben schneiden.

Salzen und pfeffern, in Mehl wälzen und durch das verschlagene Ei ziehen, dann in geriebenem Weißbrot wälzen, andrücken und in Butter (mit etwas Öl, damit die Butter nicht so schnell braun wird!) schön braun braten.

Dazu gibt es grüne Bohnen oder, je nach Jahreszeit, frischen Stangenspargel mit zerlassener Butter.

Das berühmte Gasthaus Nußbaum, erbaut 1507 auf der Fischerinsel, häufig besucht und gezeichnet von Heinrich Zille, wurde im 2. Weltkrieg gänzlich zerstört und 1987 im Nikolaiviertel wieder detailgetreu rekonstruiert, Aufnahme 1903.

Kalbsrippchen mit Stachelbeeren

nach einem alten Rezept von Frau Auguste Fontane, der Frau des Kabinettssekretärs der Königin Luise und Großmutter des Dichters Theodor Fontane.

1 kg Kalbsbrust, Salz, Pfeffer, 100 g Butter, 2 Eßl. Öl, 1 Möhre, 1 Petersilienwurzel, 1 Zwiebel, 1/4 Liter Weißwein, 1/4 Liter Brühe, 1 Stückchen Zimt, etwas Zitronenschale (unbehandelt), 400 g Stachelbeeren (nicht zu reif!), 4 Schalotten, 2 Eßl. Zucker 2 Eigelb, 2 Eßl. Sahne.

Kalbsbrust waschen und trockentupfen, mit Salz und Pfeffer einreiben. 50 g Butter und Öl in einem Bratentopf erhitzen und das Fleisch darin gut anbraten.

Möhre, Petersilienwurzel und Zwiebel putzen, waschen, in Würfel schneiden und mit anbraten. Etwas Weißwein und Brühe zu dem Fleisch geben. In den Backofen schieben und bei 175 Grad schmoren lassen.

Das Fleisch ab und zu mit dem Bratensatz und dem Rest Wein und Brühe begießen.

Zimt, Zitronenschale und die Hälfte der Stachelbeeren nach 1 1/2 Stunden zu der Kalbsbrust geben und noch weitere 30 Minuten schmoren lassen.

Schalotten abziehen und in Würfel schneiden. Den Rest Butter und den Zucker in einem Topf ein wenig karamelisieren lassen, Schalotten hinzufügen und leicht anschwitzen, die restlichen Stachelbeeren dazugeben und vorsichtig weich dünsten.

Das Fleisch aus dem Topf nehmen und warm stellen. Den Bratenfond durch ein Sieb streichen, mit Salz und Pfeffer abschmecken und schließlich die gedünsteten Stachelbeeren in die Sauce geben.

Das Eigelb mit der Sahne verrühren und dann unter die Sauce ziehen. Nicht mehr kochen!

Die Überlieferung schreibt „Kartoffelmus" als Beigabe vor. Zu empfehlen wäre zusätzlich ein frischer Salat.

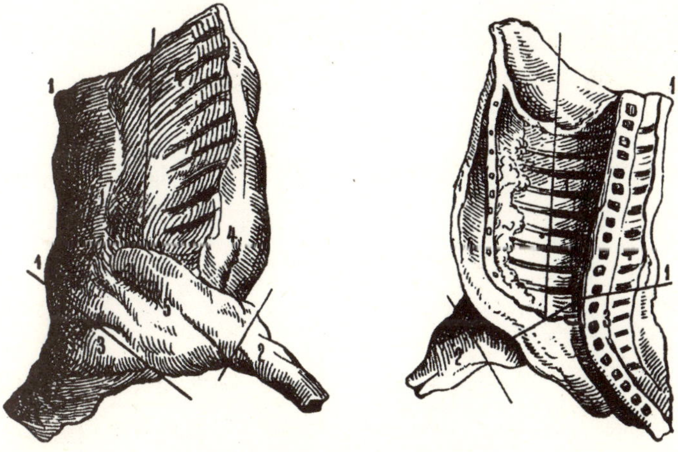

Die Teile eines Kalbes:
1) Rücken, Karree oder Koteletts, 2) Hesse, 3) Hals,
4) Brust oder Rippe, 5) Blatt.

Königsberger Klopse

aus gehacktem Kalbfleisch, wobei natürlich auch Schrippen nicht fehlen dürfen, verrät die Neigung der Berliner zu zerkleinertem Fleisch. – In der zweiten Hälfte des 19. Jahrhunderts konnte man dieses Gericht, ursprünglich aus der Provinz Ostpreußens, immer wieder auf den Speisekarten der Restaurants finden. Zuhause wurden sie auch als „Soßklopse“ oder „Saure Klopse“ bezeichnet.

600 g schieres Kalbfleisch, 2 Schrippen, 2 Zwiebeln, Butter, 6 Sardellenfilets, 1 Eßl. gehackte Petersilie, 1/8 Liter Sahne, 2 Eier, etwas geriebene Zitronenschale, Salz, Pfeffer aus der Handmühle, 1 Möhre, 1 Lorbeerblatt, 1 Liter Brühe, 50 g Butter, 40 g Mehl, Zitronensaft, 2 Eigelb, 1 Eßl. Kapern.

Das Kalbfleisch mit den eingeweichten und ausgedrückten Schrippen durch den Wolf drehen.

1 Zwiebel abziehen, fein würfeln und in Butter glasig dünsten. Die Sardellen hacken und mit den gedünsteten Zwiebeln, Petersilie, 1/8 Liter Sahne, den Eiern und der abgeriebenen Zitronenschale zu dem durchgedrehten Kalbfleisch geben.

Dann mit Salz und Pfeffer abschmecken und zu kleinen runden Klopsen formen.

Möhre schrappen, die andere Zwiebel abziehen, beides mit dem Lorbeerblatt in die Brühe geben und zum Kochen bringen, dann die Klopse darin garziehen lassen. Die Brühe durch ein Sieb passieren und 1/2 Liter davon abmessen.

Für die Sauce Butter zerlassen, Mehl darin erhitzen, bis es hellgelb wird, dann die Brühe hineingießen, gut durchrühren und mit Salz, Pfeffer und Zitronensaft abschmecken. Etwa 5 Minuten kochen lassen und mit dem Eigelb legieren.

Die gekochte Möhre in Würfel schneiden und mit den Kapern und den Klopsen in die Sauce geben.

Feldsalat oder Rapunzel passen sehr gut dazu, aber auch Rote Beete und saure Gurke.

Dazu ein großblättriger Feldsalat.

Preußischer Pfefferklops

ist eher eine Art Rinderschnitzel, das die Hugenotten im 17. Jahrhundert mit nach Berlin brachten, Klops ist die eingedeutschte Form des französischen Wortes „escalope" und heißt Schnitzel.

700 g Rindfleisch (4 fingerdicke Scheiben), 1 Zwiebel, Salz, Pfeffer aus der Handmühle, 60 g Butter, 20 g Mehl, 1/2 Liter braunen Fond, 1 Lorbeerblatt, 4 Gewürzkörner, Rotwein, 1 Eßl. Senf, Majoran.

Zwiebel abziehen und in Scheiben schneiden, Fleischscheiben waschen, trockentupfen, salzen, pfeffern und mit den Zwiebeln in einem Bratentopf in Butter schön braun anbraten. Das Fleisch aus dem Topf nehmen.

Dann die Zwiebelscheiben mit Mehl bestäuben, mit dem Fond angießen, verrühren und die Fleischscheiben wieder hineingeben. Zugedeckt mit dem Lorbeerblatt und Gewürzkörnern vorsichtig weich schmoren.

Verdampfte Flüssigkeit eventuell durch Rotwein ersetzen, dann mit Salz, reichlich Pfeffer, Senf und einer Spur Majoran abschmecken.

Dazu gibt es gemischtes Gemüse und neue Kartoffeln mit Kümmel gekocht.

Rund um die Gans und anderes Federvieh

Entenragout

mit Teltower Rübchen, der kleinen Delikatessrübe aus märkischem Sandboden.

2 junge Enten (küchenfertig), Salz, Pfeffer, 1 gehäufter Eßl. Mehl, 80 g Butter, 2 Nelken, 4 Gewürzkörner, 1 Kräuterbündchen (Petersilie, Majoran, Thymian, Beifuß), 600 g Teltower Rübchen, 1 Möhre, 4 Schalotten, 1/4 Liter Brühe, 1/4 Liter Portwein, 2 Sardellenfilets.

Die gut gesäuberten Enten vierteln, salzen, pfeffern, mit Mehl bestäuben und in einem Bräter mit reichlich Butter anbraten. Nelken, Gewürzkörner und Kräuter dazugeben, etwas Wasser angießen, im mittelheißen Ofen 1–1 1/2 Stunden schmoren.

Kurz bevor die Entenstücke gar sind, Kräutersträußchen herausnehmen, die gesäuberten Rübchen im Ganzen, und die Möhre sowie die Schalotten in Scheiben geschnitten, dazugeben. Weiter schmoren lassen, bis der Fond fast eingekocht ist und die Rübchen leicht braun geworden sind. Entenstücke herausnehmen und warm stellen.

Nun Brühe und Portwein an die Rübchen gießen, die gehackten Sardellenfilets dazugeben und zu Ende schmoren.

Etwas Flüssigkeit verdampfen lassen, damit die Sauce recht kurz wird. Mit Salz und Pfeffer abschmecken. Entenviertel mit der Haut nach oben auf die Rübchen setzen und alles nochmals im Ofen schön heiß werden lassen. Dazu gibt es Kartoffelklöße.

Königstraße (heute Rathausstraße) mit Blick auf die Königskolonaden und den Bahnhof Alexanderplatz um 1880.

Apfel-Zwiebelgemüse mit Gänseleber

schön rosa gebraten – mit Kartoffelpüree und grünem Salat.

600 g Gänseleber, 1/4 Liter Milch, 2 große Zwiebeln, 4 Äpfel, 150 g Butter oder Gänseschmalz, 1 Eßl. grob gehackter Majoran, Salz, Pfeffer aus der Handmühle, Mehl, etwas geriebenes Weißbrot, Zitronensaft.

Die gut gesäuberte Gänseleber etwa 12 Std. in Milch legen.

Zwiebeln schälen, halbieren und in Scheiben schneiden.

Äpfel schälen, vierteln, entkernen und in Spalten schneiden.

Zwiebeln und Äpfel getrennt in Butter leicht andünsten, dann zusammengeben, mit Majoran, Salz und Pfeffer abschmecken und warm stellen.

Die Bratbutter in eine Pfanne zurückgeben und erhitzen. Die trockengetupfte Leber in Mehl wälzen, langsam in der Pfanne braten (die Leber soll innen rosa bleiben!), dann mit geriebenem Weißbrot bestreuen, noch etwas weiter braten und auf dem Apfel-Zwiebelgemüse anrichten.

Den Bratensatz mit Salz, Pfeffer und Zitronensaft würzen und über die Leber geben.

Dazu gehört Kartoffelbrei und grüner Salat, zubereitet mit saurer Sahne, Zitronensaft und Zucker.

Gänseweißsauer

pikant abgeschmeckte Sülze aus Gänseklein und Gemüse.

Gänseklein (Magen, Herz, Flügel und Hals von 2 Gänsen), 2 Gänsekeulen, 1 großer Kalbsfuß (vom Metzger zerkleinert, sorgt für die notwendigen Gelierstoffe), 1 1/2 Liter Wasser, 1 Zwiebel, 1 Möhre, 1 Stange Lauch (Porree), 1/2 Teel. Majoran, 1 Lorbeerblatt, 8 Pfefferkörner, 6 Gewürzkörner, Salz, 1/8 Liter Essig, Salz, Pfeffer aus der Handmühle.

Gänseklein, -keulen und Kalbsfuß gut abspülen und in einem Topf gut mit Wasser bedeckt zum Kochen bringen, währenddessen hin und wieder abschäumen. Zwiebel, Möhre und Lauch abziehen, schrappen und waschen, mit den Gewürzen dazugeben und etwa 2 Std. kochen lassen. Sobald das Gemüse gar ist, entnehmen und in Scheiben schneiden.

Das gare Gänsefleisch und den Kalbsfuß herausnehmen und Haut und Knochen entfernen. Dann die Brühe langsam auf etwa 1 Liter reduzieren. Sollte die Brühe zu trübe geworden sein, 4 Eiweiß halbfest schlagen, gut unter die Brühe rühren und nochmals langsam aufkochen lassen. Danach 10 Minuten zugedeckt stehenlassen, dann klärt sich der Fond.

Fleisch und Gemüse portionsweise in eine Schüssel schichten.

Brühe mit Essig, Salz und Pfeffer kräftig abschmecken, durch ein feines Sieb geben und über das Gänsefleisch und Gemüse gießen. Dann abkühlen lassen und zum Gelieren in den Kühlschrank stellen. Dazu gibt es Bratkartoffeln.

Gänseschwarzsauer

süß-sauer abgeschmeckt, jedoch wird dieses Gericht mit Schweineblut bereitet und meist heiß gegessen.

Gänseklein (Magen, Herz, Bügel und Hals von 2 Gänsen), 2 Gänsekeulen, 1 großer Kalbsfuß (vom Metzger zerkleinert, sorgt für die notwendigen Gelierstoffe), 1 1/2 Liter Wasser, Salz, 1/2 Lorbeerblatt, 4 Gewürzkörner, 10 zerdrückte Pfefferkörner, 1 Brühwürfel, Essig, 1 Bund Suppengrün, 250 g eingeweichte Backpflaumen (oder gemischtes Backobst), 100 g Pfefferkuchen, 1 kleine Tasse Schweineblut, Zucker.

Gänseklein, Keulen und Kalbsfuß in einem Topf gut mit Wasser bedeckt zum Kochen bringen und abschäumen.

Salz, Gewürze, Brühwürfel, einen Schuß Essig sowie geputztes, gewaschenes und in gefällige Stücke geschnittenes Suppengrün hinzugeben.

Etwa 1 1/2 Stunden kochen lassen. Sobald das Suppengrün gar ist, herausnehmen und beiseite stellen.

Vom garen Gänsefleisch und Kalbsfuß Haut und Knochen entfernen, dann in Stücke schneiden.

Das Backobst in etwas Gänsebrühe weich kochen. Die Gänsebrühe durch ein Sieb geben, eine entsprechende Menge für die Sauce abnehmen und entfetten. Dann den zerbrökkelten Pfefferkuchen hinzufügen und die Sauce köcheln lassen.

Das Fleisch hinzufügen und mit dem Schweineblut unter ständigem Rühren die Sauce binden. Mit Essig, Salz und eventuell Zucker würzen.

Das Backobst mit dem Suppengrün in etwas abgeschöpftem Gänsefett nochmals erhitzen und über das Schwarzsauer geben. Semmel- oder Kartoffelklöße passen sehr gut dazu.

Das Gänseschwarzsauer kann auch kalt gegessen werden – hier sind Bratkartoffeln zu empfehlen.

(Das Schweineblut läßt sich, mit etwas Essig verrührt, 2 Tage im Kühlschrank aufbewahren.)

Küche des Funkturmrestaurants, etwa 1924.

Teltower Rübchen mit gepökelten Gänsekeulen

wegen der Haltbarkeit und des Geschmacks werden die Gänsekeulen vielfach auch gepökelt.

Zum Pökeln: 50 g Kochsalz, 1 Teel. Pökelsalz, 1 Teel. Zucker, 1 Zwiebel, 1 Möhre, 1 Lorbeerblatt, 6 Gewürzkörner, 10 Pfefferkörner, 1 Zweig Majoran.

Für das Gericht: 4 Gänsekeulen, 1 Zwiebel, 1 Möhre, 800 g Teltower Rübchen, 2 Schalotten, 60 g Butter oder Gänseschmalz, 1 Eßl. Zucker, Majoran, 1 Eßl. Mehl, etwas Wasser oder Kochbrühe (darf nicht zu salzig sein!), Pfeffer aus der Handmühle.

Zum Pökeln zunächst etwa 1 1/2 Liter Wasser mit dem Koch- und Pökelsalz, Zucker, Zwiebel und Möhre sowie sämtlichen Gewürzen aufkochen und abkühlen lassen. Die Gänsekeulen 4–5 Tage darin pökeln.

Vor Verwendung sollte man die Gänsekeulen erst noch 2 Stunden wässern lassen.

Dann ohne Salz, jedoch mit der Zwiebel und der Möhre etwa 1 1/2 Stunden weich kochen.

Nun die Teltower Rübchen schälen und die großen längs halbieren. Die Schalotten abziehen und in Scheiben schneiden.

Beides mit der Butter oder Gänseschmalz in einen Schmortopf geben und unter ständigem Rühren leicht anbräunen. Zucker hinzufügen und weiter behutsam bräunen lassen.

Schließlich die garen Gänsekeulen und Majoran zugeben und noch etwas mitschmoren lassen. Dann mit Mehl bestäuben, etwas Brühe angießen und köcheln lassen.

Wenn die Rübchen gar sind, sollte das Gericht sämig sein und eine hellbraune Farbe haben. Mit Pfeffer würzen und gekochte Salzkartoffeln dazu reichen.

Nach Belieben kann das Gericht auch ohne Zucker zubereitet oder ungepökelte Gänsekeulen verwendet werden.

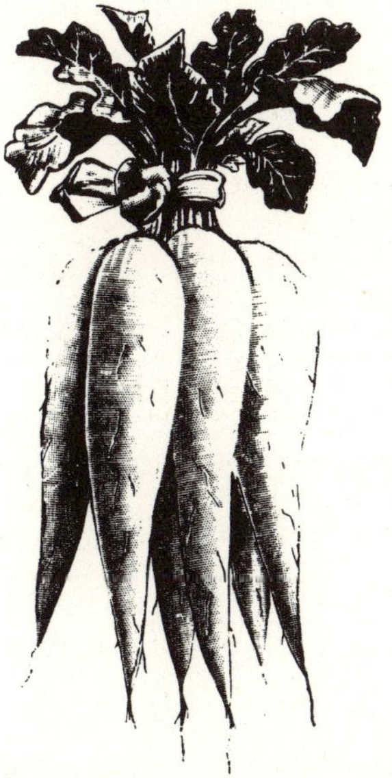

Teltower Rübchen oder auch Märkische Rübe – ist die kleinere Form der weißen Rübe, die im kargen märkischen Sandboden gedeiht. Sie gilt als Gemüsedelikatesse und wurde von Goethe sehr geschätzt, der sie sich von seinem Freund Zelter regelmäßig nach Weimar senden ließ.

Feines Ragout von Rebhühnern

für den besonderen Anlaß – mit Kalbs- oder Schweinefleisch zu recht trocken gekochtem Sauerkraut.

4 Rebhühner (küchenfertig), Salz, Pfeffer aus der Handmühle, 125 g Butter, 125 g Kalbs- oder Schweinefleisch (vom Nacken) 100 g magerer Speck, 2 kleine Zwiebeln, 1 Möhre, 1 Petersilienwurzel, 1 Lorbeerblatt, 2 Gewürznelken, 4 Wacholderbeeren, 1 Knoblauchzehe, 1 Zweig Thymian, 6 Nadeln Rosmarin, 1 Eßl. Mehl, 2 Sardellenfilets, 1/4 Liter Rotwein, 1/4 Liter Fleischbrühe, Zitronensaft, 4 Scheiben Weißbrot, etwas Butter, 750 g Sauerkraut.

Die küchenfertigen Rebhühner mit Salz und Pfeffer einreiben und in einem Bratentopf mit etwas Butter im vorgeheizten Ofen bei 200 Grad etwa 25 Minuten braten.

Kalbs- oder Schweinefleisch, Speck und abgezogene Zwiebeln würfeln und in Butter anbraten.

Geputztes und gewaschenes Gemüse sowie sämtliche Gewürze hinzufügen und schmoren lassen, bis alles schön gebräunt ist. Dann mit Mehl bestäuben, Sardellenfilets sowie Rotwein und die Fleischbrühe hinzufügen und solange kochen lassen, bis das Fleisch schön weich ist.

Das Fleisch aus der Sauce nehmen und warm stellen.

Die Rebhühner aus dem Ofen nehmen, den Bratensatz ablöschen und in die Sauce geben.

Die Rebhühner der Länge nach halbieren, jeweils das Rückgrat herausschneiden und in die Sauce geben. Die Rebhühner warm stellen. Die Sauce noch 10 Minuten kochen lassen, durch ein Sieb streichen, mit Salz, Pfeffer und Zitronensaft würzen.

Fleisch und Rebhühner wieder in die Sauce legen und nochmals erhitzen.

Die Weißbrotscheiben diagonal durchschneiden und in Butter knusprig braun braten.

Ein recht trocken gekochtes Sauerkraut in der Mitte einer Bratenplatte anrichten, die Rebhühner und das Fleisch darum herum anordnen.

Die Sauce darübergießen und mit den gerösteten Weißbrotscheiben belegen.

Restaurant Kempinski, Fasanenstraße Ecke Kurfürstendamm, 1926.

Fasan nach Berliner Art

Die Küche von Sanssouci bezog sie hauptsächlich aus der Fasanerie, die Friedrich der Große 1742 nicht weit vom Beginn der heutigen Fasanenstraße anlegen ließ. 1844 wurde die Fasanerie Teil des Berliner Zoos.

1 Fasan (etwa 900 g), Salz, Pfeffer, einige fette Speckscheiben, 2 Eßl. Butter, 1/2 Lorbeerblatt, je 8 zerdrückte Pfefferkörner und Wacholderbeeren, 2 Steinpilze, 1 Schalotte, 1/4 Liter Madeira, 1/4 Liter Fleischbrühe, 1 Eßl. Mehl, 1 Eßl. kalte Butter, Zitronensaft.

Ein Fasan sollte unbedingt vor Gebrauch 2–3 Tage in den Federn hängen, wodurch er sehr an Zartheit und feinem Geschmack gewinnt.

Wenn derselbe gut gerupft und ausgeweidet ist, wird er nur mit einem Tuch ausgerieben, recht gesalzen und gepfeffert und in grünen Speck gewickelt.

Bis auf Salz, Pfeffer und Speck kann man sich heute viel ersparen, da es Fasane bereits bratfertig im Handel gibt.

Diesen so vorbereiteten Fasan mit Butter in einem Bräter bei etwa 200 Grad knapp 1 Stunde im Backofen braten. Sobald der Bratensatz bräunt, etwas Wasser und die Gewürze hinzufügen. Wiederholt begießen.

Tafelrunde in Sanssouci, Lithografie von Adolf von Menzel.

Inzwischen die gut gesäuberten, in Scheiben geschnittenen Steinpilze mit der gewürfelten Schalotte in etwas Bratbutter vom Fasan anschwitzen und gar dünsten.

Den Fasan schließlich mit etwas Madeira angießen, damit sich der Bratensatz löst, dann warm stellen.

Den Bratensatz in einen Kochtopf geben, die Fleischbrühe hinzufügen, mit dem mit etwas Madeira angerührten Mehl binden. Zur gewünschten Menge einkochen lassen, durch ein Sieb auf die Steinpilze geben und nochmals aufkochen. Dann kalte Butter unterrühren und mit Salz, Pfeffer und Zitronensaft abschmecken.

Den Fasan zusammen mit der Sauce servieren. Dazu gibt es Kartoffelpüree und Salat von frischem Sellerie oder Sauerkraut mit reichlich Weinbeeren.

Fasane

Berliner Süßspeisen

Preußischer Marzipanflammerie

eine Marzipan-Nachspeise, die in Förmchen gegossen und nach dem Erkalten mit einer Fruchtsoße gereicht wird.

100 g süße geschälte Mandeln, 8 bittere geschälte Mandeln, etwas Rosenwasser, 1/2 Liter Milch, 60 g Grieß, 80 g Zucker, etwas Stangenzimt, 4 Eigelb, 2 Eiweiß.

Die geschälten Mandeln mit einem Schuß Rosenwasser in einem Mörser zu einem Brei verstoßen.

Milch, Grieß, Zucker und Zimt in einen Topf geben und unter ständigem Rühren zu einem Brei kochen.

Eigelb unterrühren, den Stangenzimt herausnehmen und das Mandelmus dazugeben. Dann das Eiweiß steifschlagen, unter die Masse heben und in Portionsförmchen oder in eine große Flammerieform füllen, kalt stellen. Nach dem Erkalten stürzen.

Dazu gibt es eine Fruchtsauce oder ein Kompott.

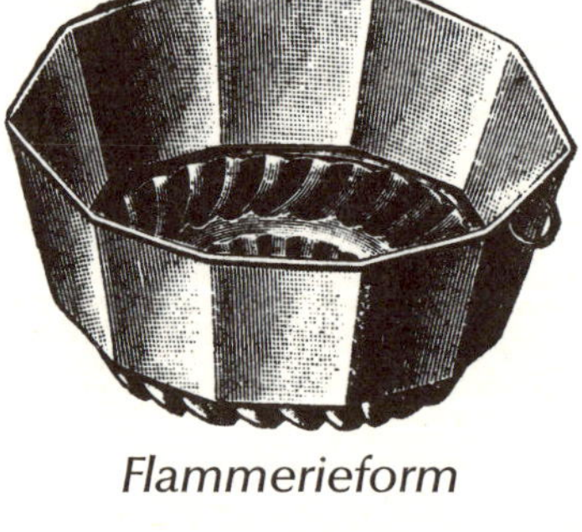

Flammerieform

Backäpfel

saure Äpfel gefüllt mit Marzipan, Honig und Rosinen – aus dem Berlin vor der vorletzten Jahrhundertwende, als sie noch im Backrohr geschmort wurden.

4 große saure Äpfel, 50 g Marzipan, 50 g Butter, 2 Eßl. Honig, 50 g eingeweichte Rosinen, 50 g gehackte Mandeln, etwas Zitronensaft, etwas Zucker, Butterflöckchen.

Die Äpfel waschen, Stiele entfernen und von der Blüte her das Kerngehäuse ganz vorsichtig herausschneiden, ohne dabei die Äpfel zu durchstechen.

Marzipan, Butter, Honig, Rosinen und Mandeln miteinander verrühren und die Äpfel damit füllen, mit Zitronensaft bestreichen und Zucker darüberstreuen.

Butterflöckchen daraufsetzen und bei 175 Grad in den vorgeheizten Backofen schieben.

Die Äpfel sind fertig, wenn die Schale geplatzt und der Zucker leicht braun geworden ist.

Dazu sind eine heiße Vanillesauce oder leicht geschlagene Sahne zu empfehlen.

Obstschälmaschine um 1890.

Berliner Luft

auch heute noch nicht von der Berliner Speisekarte gestrichen: eine leichte, erfrischende Nachspeise, die kalt gegessen wird!

4 Blatt Gelatine, 8 Eier, 5 Eßl. Zitronensaft, etwas Zitronenschale (unbehandelt), 125 g Zucker, etwas Salz.

Gelatine in kaltem Wasser einweichen, die Eier trennen und das Eigelb mit dem Zitronensaft, der Zitronenschale, Zucker und Salz in einem Kochtopf ins Wasserbad tauchen, dann mit einem Schneebesen solange schlagen, bis die Masse cremig wird, jedoch nicht kochen!

Zitronenschale herausnehmen, Gelatine ausdrücken und unter die Eigelbmasse rühren, dann kalt stellen.

Wenn die Speise steif zu werden beginnt, das verbliebene geschlagene Eiweiß unterheben.

Die Nachspeise in kleine Förmchen oder eine Schüssel füllen und in den Kühlschrank stellen.

Vor Gebrauch etwa 1 Stunde in das Tiefkühlfach stellen.

Schüssel mit Schneebesen.

Mohnpielen

schon fast in Vergessenheit geraten – die traditionelle Süßspeise zu Weihnachten und Silvester – stammt ursprünglich aus Schlesien.

2 Kuchenbrötchen, 4 Scheiben Zwieback, knapp 3/4 Liter Milch, 250 g gemahlener Mohn (muß vorher unbedingt gebrüht werden!), 1/4 Stange Vanille, 100 g Rosinen, 150 g Zukker, 120 g gehobelte Mandeln, Salz, 1 Gläschen Rum, 1/4 Liter Sahne.

Kuchenbrötchen in Scheiben schneiden, mit dem Zwieback in der angewärmten Milch 10 Minuten einweichen, dann auf einem Sieb abtropfen lassen und vorsichtig ausdrücken.

Die Milch mit dem Mohn, Vanille, Rosinen, Zucker und Mandeln 10 Minuten langsam kochen, Salz und Rum zugeben und abkühlen lassen.

Sahne steifschlagen, unter die Mohnmasse heben und schichtweise mit den ausgedrückten Kuchenbrötchen und Zwieback in eine Glasschale füllen.

Mohnpielen sollten etwa 2 Tage im Kühlschrank durchziehen.

MEIEREI C. BOLLE AG
MEIEREI C. BOLLE AG
MEIEREI C. BOLLE AG
MEIEREI C. BOLLE
BOLLE
1A 23003
187
1A 13344
40
124

Arme Ritter

in Milch und Ei getauchte Weißbrotscheiben in der Pfanne goldbraun gebraten.

Je nach Bedarf 4-8 Scheiben Weißbrot, Kuchenbrot oder Zwieback, 1/4 Liter Milch, 1/4 Vanillestange, etwas Zitronenschale, Zucker, 4 Eier, 80 g Butter, Zimt.

Die Milch mit Vanille, etwas abgeriebener Zitronenschale und einem Teelöffel Zucker (oder auch Vanillezucker) aufkochen, abkühlen lassen und das Brot damit reichlich tränken.

Die Eier aufschlagen, verrühren, die mit Milch getränkten Brotscheiben durch das Ei ziehen und in Butter von beiden Seiten goldbraun backen. Mit Zimt und Zucker bestreuen.

Arme Ritter werden warm serviert, dazu gibt es eine Frucht- oder Vanillesauce oder ein frisches Kompott.

Milchkocher

Abfahrt der Milchwagen der Meierei C. Bolle etwa 1930, die wegen ihrer eindringlichen Glocke auch „Bimmel-Bolle's“ Milchwagen genannt wurden.

Weichselpudding

der köstliche Schwarzbrot-Kirschpudding aus der Auflaufform!

125 g feingeriebenes Schwarzbrot, 1/8 Liter Milch, 125 g Zukker, 125 g Butter, 6–7 Eigelb, Zimt, gemahlene Nelken, 100 g frische, entsteinte Sauerkirschen, 60 g zerbröckelte Makronen oder gehackte Mandeln, 5 Eiweiß, 1 Teel. Kartoffelmehl

Schwarzbrot, Milch, Zucker und Butter fast trocken kochen.

Eigelb mit den Gewürzen nach und nach unterrühren, Kirschen und Makronen- oder Mandelmasse dazugeben, Eiweiß steifschlagen und mit dem Kartoffelmehl unterheben.

Eine Auflaufform buttern, mit geriebenem Weißbrot ausstreuen, die Masse einfüllen und bei 200 Grad etwa 45 Minuten in den vorgeheizten Backofen schieben.

Als Beilage eignet sich vorzüglich eine Weinschaum- oder Kirschsauce.

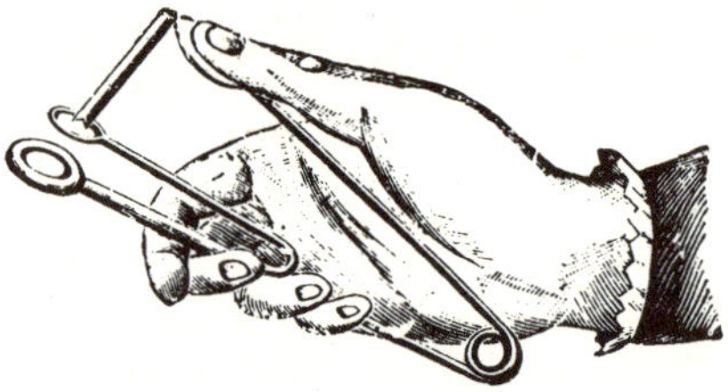

Kirschentkerner

Berliner Gebäck

Berliner Pfannkuchen

weit über die Grenzen Berlins hinaus als „Berliner“ bekannt – ob ihr Erfinder, wie die Legende sagt, wegen ihrer runden Form friderizianischer Kanonier war, der wegen Untauglichkeit in die Backstube versetzt wurde, ist heute nicht mehr eindeutig zu klären.

500 g Mehl, 35 g Hefe, 1/2 Tasse lauwarme Milch, 150 g Butter, etwas Salz, abgeriebene Zitronenschale, 3 gestoßene bittere Mandeln, 3 Eier, 1 Eßl. Zucker, Pflaumenmus, Schweineschmalz, Puderzucker.

Das gesiebte Mehl in eine Schüssel geben und die Hefe in einer kleinen Vertiefung mit etwas warmer Milch dickbreiig ansetzen, so daß noch ein Mehlrand stehen bleibt. Mit etwas Mehl bestäuben und abdecken, dann die Schüssel warm stellen und eine Weile gehen lassen.

Die Butter in Flöckchen auf den Mehlrand setzen. Nach etwa 45 Minuten eine Prise Salz, etwas abgeriebene Zitronenschale, Mandeln, Eier und Zucker dazugeben und einen nicht zu festen Teig herstellen. Wenn nötig, noch etwas warme Milch zugeben.

Den Teig so lange kneten und schlagen, bis er Blasen wirft und sich vom Holzlöffel löst. Wiederum eine Zeitlang gehen lassen und nochmals durchschlagen.

Dann den Teig auf einem gemehlten Brett etwa 1/2 cm dick ausrollen und mit einer Form oder einem Glas (6–7 cm Ø) runde Scheibchen ausstechen.

Die Hälfte der Teigscheiben als Unterteile verwenden und auf jede einen Teel. Pflaumenmus setzen, den Rand mit etwas Wasser befeuchten, die restlichen Scheibchen daraufsetzen und sanft andrücken, damit die Ränder dicht abschließen.

Dann so lange gehen lassen, bis sie sich weiter kugelförmig vergrößert haben und schließlich schwimmend in recht heißem Schweineschmalz von beiden Seiten backen.

Mit dem Schaumlöffel herausnehmen, auf einem Tuch oder Kuchenrost abtropfen lassen und mit Puderzucker bestäuben. Berliner werden nach Belieben auch mit Zuckerguß bestrichen.

Schaumlöffel und Berliner Pfannkuchen.

Berliner Stolle

gehört mit zum klassischen Berliner Kaffeegebäck.

500 g Mehl, 1/8 Liter Milch, 35 g Hefe, 125 g Rosinen und Korinthen, etwas Rum, 100 g Zucker, 3 Eier, 1/2 abgeriebene Zitronenschale, 40 g süße geriebene Mandeln, 15 g bittere geriebene Mandeln, 30 g gehacktes Zitronat, Salz, Muskatblüte, 30 g gehackte Mandeln, 200 g Butter, Zimt, Rosenwasser.

Etwa 150 g Mehl in eine Schüssel geben. Die in lauwarmer Milch aufgelöste Hefe in eine kleine Vertiefung in das Mehl geben und dickbreiig anrühren, so daß noch ein Mehlrand stehen bleibt, dann leicht mit Mehl bestäuben und 1 Stunde am Ofenrand gehen lassen.

Rosinen und Korinthen verlesen, waschen und mit etwas Rum anquellen lassen.

Jetzt das restliche Mehl, Zucker, Eier, Zitronenschale, geriebene Mandeln, Zitronat, Salz und Muskat mit zerlassener Butter vorsichtig zu einem Teig verrühren und mit den Rosinen in die Schüssel zu der Hefe geben.

Das Ganze gut und kräftig durchkneten, bis der Teig recht fest und trocken ist, nochmals eine Stunde gehen lassen.

Dann die Stollen formen, mit Wasser bestreichen, die gehackten Mandeln darüberstreuen und andrücken, dann im vorgeheizten Ofen bei 175 Grad etwa 55 Minuten backen. Anschließend reichlich mit zerlassener Butter bestreichen, mit Zucker und Zimt bestreuen und mit etwas Rosenwasser besprenkeln.

Preußischer Räderkuchen

mit dem Kuchenrad geschnittene Teigstreifen zu Schleifchen geformt – auch Schleifchenkuchen genannt.

300 g Mehl, 80 g Zucker, 4 Eßl. saure Sahne, 5 Eigelb, 1 Eßl. Rum, 1 Prise Zimt, Puderzucker zum Bestreuen.

Zum Backen: Speiseöl oder Kokosfett.

Mehl mit übrigen Zutaten zu einem glatten Teig verarbeiten – sollte der Teig kleben, ihn eine Weile kalt stellen.

Den Teig etwa 1/2 cm dick ausrollen, in 3 cm breite und 10 cm lange Streifen rädern, in der Mitte der einen Hälfte längs einschneiden und das Ende der anderen Hälfte vorsichtig durch die Öffnung ziehen.

Die so entstandenen Schleifchen schwimmend in siedendem Fett goldbraun backen, mit dem Schaumlöffel herausnehmen und auf einem Kuchenrost abtropfen lassen, schließlich mit Puderzucker bestäuben.

Kuchenrad

Berliner Kaffeekuchen

eine Art Butter- oder Zuckerkuchen, jedoch mit Korinthen und Rosinen.

250 g Mehl, 100 g Zucker, 2 Eier, etwas Salz, 4 Eßl. Milch, 1 Eßl. Korinthen, 1 Eßl. Rosinen, 1/2 Eßl. gehacktes Zitronat, 1 Ei, 40 g flüssige Butter, 2 Eßl. gehackte Mandeln, 2 Eßl. grober Zucker.

Aus dem Mehl und dem Zucker, den Eiern, Salz und Milch einen festen Teig zubereiten.

Korinthen, Rosinen, Zitronat unterkneten und den Teig auf einem gefetteten Backblech etwa 1 cm dick ausrollen.

Die flüssige Butter mit dem Ei verrühren, auf den Teig streichen und Mandeln und Zucker darüberstreuen.

Schließlich den Kuchen etwa 25 Minuten bei 200 Grad im vorgeheizten Ofen backen.

Vor der Terrasse des Cafés Kranzler Unter den Linden Ecke Friedrichstraße, das der Wiener Zuckerbäcker Johann Georg Kranzler 1825 gründete. Dahinter das Café Bauer.

HOTEL
BAUER
Sr. Majestät
des Königs
P. Bauer

Berliner Napfkuchen

hier die Berliner Art mit geriebenen Mandeln und in Rum eingeweichte Sultaninen und Korinthen – Sultaninen sind gelbe und Korinthen schwarze Rosinen aus kernlosen Trauben.

30 g Hefe, 1/2 Tasse lauwarme Milch, 300 g Butter, 200 g Zukker, 500 g Mehl, 6 Eier, 1/2 abgeriebene Zitronenschale (unbehandelt), 25 g geriebene Mandeln (halb süß, halb bitter), Salz, Muskatblüte, je 100 g Sultaninen und Korinthen in Rum eingeweicht, 50 g gehacktes Zitronat, Puderzucker.

Die Hefe mit etwas Zucker und der lauwarmen Milch anrühren und etwa 15 Minuten bei Zimmertemperatur stehenlassen.

Die Butter mit dem Zucker in einer Schüssel schaumig rühren, Eier und Mehl sowie die Hefemischung, Zitronenschale, Mandeln, Salz und Muskatblüte nach und nach unterrühren und zu einem glatten Teig verarbeiten.

Den Teig an einem warmen Ort solange stehenlassen, bis er sich sichtbar vergrößert hat, dann nochmals gut durchkneten.

Schließlich die Sultaninen, Korinthen und Zitronat unterkneten, den Teig in eine gebutterte Napfkuchenform (etwa 24 cm Ø) füllen und nochmals an einem warmen Ort gehen lassen bis er sich weiter vergrößert hat.

Dann den Kuchen bei etwa 200 Grad in den vorgeheizten Backofen schieben und 50–60 Min. backen lassen.

Anschließend den erkalteten Kuchen stürzen und mit Puderzucker bestäuben.

„Eene Rosine kannste nehm – friß aba keene Fliege!"
Zeichnung von Heinrich Zille.

Hier können
Familien
Kaffee
kochen
ISCH

Zimtbrezeln

den meisten Berlinern aus Kindertagen in guter Erinnerung.

150 g Butter, 150 g Zucker, 2 Eier, 360 g Mehl, 1/2 Backpulver, Vanille, 1 Prise Salz, 1/2 Teel. gemahlener Zimt.

Butter, Zucker und Eier schaumig rühren und mit dem gesiebten Mehl, Backpulver und den restlichen Zutaten zu einem glatten Teig verarbeiten. Brezeln formen und auf ein gefettetes Blech setzen, mit Eigelb bestreichen und im vorgeheizten Ofen bei 200 Grad etwa 20 Minuten backen.

Selbsttätige Kaffeemaschine mit Spiritusfeuer aus dem Jahre 1898.

Es war ein alter Berliner Brauch, daß man in vielen Ausflugslokalen der Stadt seinen mitgebrachten Kaffee selbst kochen konnte. Das Wirtshaus stellte Kochwasser, Geschirr und Milch für den Preis von wenigen Pfennigen zur Verfügung.

Berliner Küchel

oder Mandelplätzchen vom Backblech nach Altberliner Art.

125 g Butter, 200 g Zucker, 2 Eier, 5 Eigelb, 80 g gemahlene Mandeln (halb süß, halb bitter), 1/2 abgeriebene Zitronenschale (unbehandelt), 250 g Mehl, 100 g gehackte Mandeln.

Die Butter mit dem Zucker schaumig rühren, Eier, zusätzliche Eigelbe, gemahlene Mandeln, Zitronenschale und Mehl nach und nach unterrühren.

Von diesem Teig mit einem Löffel kleine Häufchen auf ein mit Papier ausgelegtes Backblech setzen, ein wenig flach drücken und mit den gehackten Mandeln bestreuen.

Dann bei 175 Grad etwa 15 Minuten in dem vorgeheizten Ofen backen.

Kaffeeröster

Laubenpieper's Selbstgemachte

Polnischer Tee

2 FL Weißbier, 6 Eigelb, etwas Zitronenschale, 2 cm Zimtstange, brauner Zucker nach Geschmack, Rum nach Geschmack. Alles zusammen über Wasserdampf durchschlagen, bis es recht heiß und cremig wird. Zitrone und Zimt entfernen und in Kaffeetassen anrichten.

Süße Kanne

1 Apfel und 1 Pfirsich – beide mit Schale – in Scheiben schneiden, Himbeeren, Erdbeeren und Johannisbeeren mit einem Spritzer Zitrone und weißem Rum über Nacht kühl und zugedeckt stehen lassen. Zucker nach Geschmack! Am nächsten Tag aufgießen mit Champagner oder Weißbier oder Champagner und Weißbier.

Kardinal

1 Zitrone, 1 Orange, 2 cm Zimt, 2 Nelken, 1 Fl. Weißwein, 1 Fl. Rotwein, 2 Eßl. Zucker. Zitronenschale, Orangenschale, Zimt und Nelken mit dem Saft der Früchte sowie dem Zukker und Weißwein aufkochen und über Nacht stehen lassen. Durch ein Sieb geben. Gut kühlen und den Rotwein kalt dazugießen.

Eine der vielen, typisch berlinischen „Destillen", auch Budiken genannt. Im Bild die Destille mit Restaurant von Ernst Bading in der Reuterstraße Ecke Kaiser-Friedrich-Straße (später Sonnenallee) im Jahre 1895.

Gasthaus

Gärtner's Heckenbowle

mit Berberitzen, den säuerlich-aromatischen Beeren, eine prickelnde, nicht alltägliche Erfrischung!

3 Eßlöffel Berberitzen (mit Saft) in ein großes Glas geben und 1 Flasche Weißbier hinzugießen.

Berberitzen einmachen: Sammelzeit September bis Oktober.

Zunächst Läuterzucker herstellen im Verhältnis 1 Pfund Zukker zu 3/4 Liter Wasser, klar kochen. Dann mit dem nicht zu heißen Läuterzucker die Früchte (mit Stiel) übergießen. Auf 1 Pfund Früchte kommt etwa 1/2 Liter Flüssigkeit. 48 Stunden stehen lassen, den Saft abgießen und sirupartig einkochen.

Schließlich die Früchte in Gläser füllen, mit dem abgekühlten Sirup aufgießen und die Gläser abdecken.

Berberitzen

Eines der vielen Gartenrestaurants im alten Berlin – hier das Gasthaus Briese um 1912.

Gentleman-Weiße

2 Würfelzucker auf einer Zitrone abreiben und mit 2 cl Gin ins Glas geben. Weißbier darüber!

Berliner Lindenbowle

Voll aufgeblühte, frisch gepflückte Lindenblüten (sorgsam auf Insekten überprüfen!) in einer Terrine mit wenig Zucker und lieblichem Weißwein übergießen. Zugedeckt etwa 4 Stunden ziehen lassen und mit Champagner auffüllen.

Bierbowle

4 Scheiben Zitrone, den Saft 1/2 Zitrone, geriebener Ingwer, wenig geriebene Muskatnuß, brauner Zucker und einige Apfelscheibchen mit Kümmelschnaps gut anfeuchten und mit halb Braunbier und halb Weißbier aufgießen.

Die Weißbierstube von Päpke in der Jerusalemer Straße um 1883. Hier sieht man ganz deutlich die Weißbierwannen der damaligen Zeit. Zunächst trank man Weißbier aus hohen Stangengläsern mit Deckel, dann aus fußlosen „Wannen“ und erst später aus den uns bekannten Weißbierschalen mit Stiel und breitem Fuß.

Reinetten-Weiße

aus recht sauren, reifen und aromatischen Reinetten oder auch anderen Äpfeln!

Schälen, vierteln, entkernen und in Scheiben schneiden. Zukkern und 1/2 Tag kühl und zugedeckt stehen lassen. Apfelkorn nach Geschmack darübergeben und noch 1 Stunde ziehen lassen. 3 Eßlöffel ins Glas geben und eiskaltes Weißbier darüber! Die Glasränder vorher in Apfelkorn und Zucker tauchen.